Aprender Natación en un Fin de Semana

Aprender Natación en un Fin de Semana

SHARRON DAVIES
y JAMES HARRISON

Fotografías de Chris Stevens

Planeta

OTROS TÍTULOS EN LA MISMA COLECCIÓN

Aprender Golf en un Fin de Semana
Aprender Tenis en un Fin de Semana
Aprender Vela en un Fin de Semana
Aprender Escalada en un Fin de Semana
Aprender Esquí en un Fin de Semana
Aprender Gimnasia en un Fin de Semana

Un libro de Dorling Kindersley

en la colección
MANUALES PRÁCTICOS PLANETA
Dirección editorial
Juan Capdevila

Título original
Learn Swimming in a Weekend

Traducción
David Bargalló

© 1992 by Dorling Kindersley Ltd.
© del texto, Sharron Davies
Derechos en español y propiedad de la traducción
© Editorial Planeta, S. A., 1992
Córcega, 273-279, 08008 Barcelona (España)
Primera edición: octubre de 1992
ISBN 0-86318-839-7 editor Dorling Kindersley Ltd.,
Londres, edición original
ISBN 84-320-4826-7
Fotocomposición: Víctor Igual, S. L.,
Pujades, 68-72, 08005 Barcelona (España)

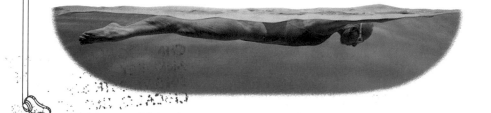

CONTENIDO

Introducción 6

PREPARATIVOS PARA EL FIN DE SEMANA 8

Equipo necesario 10   Ayudas auxiliares 16
En la piscina 12   Ejercicios de preparación . . 18
¿Por qué nadar? 14   Objetivos y metas 20

CURSILLO DE FIN DE SEMANA 22

———————— *Día 1* ————————

Entrar en el agua 24   Estilo braza 34
Flotabilidad 28   Estilo espalda 44
Aprender a moverse 30

———————— *Día 2* ————————

Estilo crol 52   Salidas 74
Estilo mariposa 60   Salida en competición 78
Virajes 68

DESPUÉS DEL FIN DE SEMANA 82

Estilos individuales 84   Aeróbic en el agua 88
Salvamento en el agua 86   Nadar y competir 90

Glosario 92
Índice temático 94
Agradecimientos 96

INTRODUCCIÓN

APRENDER NATACIÓN EN UN FIN DE SEMANA ha supuesto para mí la oportunidad ideal de presentar una excelente guía ilustrada de este deporte, con planos de las distintas posiciones que permiten seguir fácilmente cada técnica. Las instrucciones detalladas y claras de este libro le enseñarán a sentirse seguro en el agua, a nadar con elegancia después de haber conocido los principales estilos y a utilizar el equipo adecuado.

Este libro puede ayudar al principiante que siempre ha deseado aprender a nadar, pero que quizá se haya sentido incómodo en el agua, del mismo modo que proporciona consejos útiles al nadador experto que desee mejorar su técnica.

Sin embargo, recuerde que para hacer bien cualquier cosa se requiere tiempo, esfuerzo y dosis de paciencia.

Participo en competiciones desde que tenía ocho años y, durante todo este tiempo, he visto cómo las técnicas y la mentalidad de la natación han cambiado y avanzado. A pesar de estos cambios, algunos principios fundamentales en los que he insistido en *Aprender Natación en un Fin de Semana* permanecen. Son aspectos sencillos, razonables y fáciles de recordar, como que empujar agua hacia atrás le impulsará hacia adelante; que una posición aerodinámica es más rápida que cualquier otra; que las piernas son un potente «motor» posterior; y que control, fuerza y una buena técnica, juntos, forman un estilo elegante y eficaz.

Además de estos aspectos básicos para todo nadador, encontrará consejos, ideas y ejercicios interesantes, sea cual sea su nivel; espero que con todo ello aprenderá a disfrutar de un deporte tan conveniente y completo para la salud, sin límite de edad.

SHARRON DAVIES

PREPARATIVOS PARA EL FIN DE SEMANA

Una buena preparación es básica para practicar correctamente cualquier actividad

•

Tanto si quiere aprender a nadar por diversión, como si desea mejorar la técnica para competir, fíjese en la siguiente lista antes de embarcarse en el cursillo del fin de semana. Para empezar, los factores más importantes son la salud y las aptitudes. Si tiene algún problema de salud —sobre todo de oído, vista o respiración— acuda a su médico sin dudarlo. También es conveniente realizar ejercicios de preparación, en casa o en la piscina, antes de entrar en el agua. Los ejercicios de estiramiento son suficientes (ver pp. 18-19). Los abdominales estiran el estómago, el «alma» del cuerpo: un estómago fuerte ayuda al resto del cuerpo a trabajar mejor. Es preferible realizar el curso en

GAFAS
En muchas ocasiones es necesario sumergir la cara en el agua o mirar por debajo hacia dónde vamos. Le resultará más cómodo si lleva gafas, porque los ojos se irritan fácilmente con el cloro. Primero, colóqueselas sobre los ojos y, *luego*, pase la cinta por detrás de la cabeza (p. 17).

ESTIRAMIENTO
La flexibilidad es vital. Los ejercicios que se realizan de pie, como estos de estiramiento, hay que realizarlos con las rodillas un poco flexionadas. Si las piernas están muy rígidas, pueden provocar un tirón en la espalda o en las rodillas (pp. 18-19).

una piscina que en el mar; busque aquella que mejor se adapte a sus necesidades (pp. 12-13). Procúrese el equipo adecuado. Comparado con otros deportes, el gasto necesario es mínimo (pp. 10-11, 16-17) pero hay que buscar un traje de baño especialmente diseñado para natación y no de playa. *Las palabras en* **negrita** *las encontrará explicadas en el glosario* (pp. 92-93).

LAS ALETAS

También necesitará **aletas**, un accesorio excelente que le fortalecerá la parte posterior del cuerpo y, de este modo, podrá concentrarse en mover la parte delantera. Compruebe que en la piscina está permitido su uso porque no siempre es así.

EQUIPO DE NATACIÓN

Es conveniente llevar siempre elementos de repuesto: las gafas, por ejemplo, se estropean en poco tiempo debido al cloro. El contacto continuo con el agua afecta a la piel y al cabello: lleve consigo un buen jabón, champú, crema hidratante y suavizante (pp. 10-11).

El equipo necesario

Seleccionar el equipo y los accesorios adecuados

Escoja una indumentaria cómoda y elástica que le permita libertad de movimientos. Tejidos ligeros e impermeables y bañador ajustado para no quedar empapado. Puede utilizar también **accesorios** para practicar con más facilidad y disfrutar más. Luego, aclárelo todo para que el cloro (sustancia química) no estropee el equipo.

ESCOTE
Un escote alto favorece la forma aerodinámica del cuerpo.

La indumentaria

Antes de comprar, pruébese la indumentaria y no escoja modelos demasiado cortos. Algunas piscinas exigen el uso de gorro para evitar que los cabellos sueltos atasquen los filtros. Los gorros de natación son de goma; ponga polvos talco después de usarlo para que la goma no se pegue.

TEJIDO
La mayoría de bañadores son de lycra elástica o de algodón mezclado con lycra, ideal para sus necesidades.

BOLSA
Escoja una bolsa con varios bolsillos para separar los artículos húmedos de los secos.

COLORES
Evite colores como el rojo y el blanco, que transparentan cuando se está mojado. Es preferible el azul oscuro, o el negro.

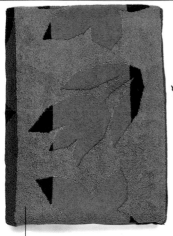

Pinza de nariz

Diferentes modelos de gafas

Tapones para los oídos

OJOS, OÍDOS, NARIZ

Escoja unas gafas ajustables. Si lo desea, utilice tapones y pinzas para que el agua no entre en los oídos o en la nariz.

CUIDADO DEL CUERPO

Lleve gel de ducha y champú. Las gotas con alcohol secan los oídos y previenen de una infección; crema hidratante, suavizante para el cabello y gotas calmantes para los ojos combatirán los efectos del cloro.

• Toalla grande de algodón para secarse

—— ACCESORIOS PARA APRENDER A NADAR ——

ACCESORIOS DE AYUDA

Aletas, flotadores, y otras ayudas pueden ser una inversión útil. Por ejemplo, los flotadores le ayudarán a sostenerse mientras se concentra en el movimiento de los brazos o de las piernas (ver pp. 16-17, 28-33). Evite los más baratos porque se estropean fácilmente.

PULLBUOYS •

Coloque este **accesorio** entre las piernas y flotará mientras hace **ejercicios** de brazos.

• TABLAS DE CORCHO

Utilice **tablas** grandes para realizar sólo **ejercicios** de piernas; coloque las más pequeñas entre las rodillas sólo para los ejercicios de brazos.

ALETAS •

Son excelentes para mejorar el estilo. Procure que tengan el talón completo en lugar de solamente una tira.

• CHALECOS

Los chalecos se utilizan para adquirir mayor seguridad. A medida que vaya aprendiendo, quite los **flotadores** pequeños de los bolsillos.

BRAZALETES

Sólo son útiles para ayudar a los niños pequeños a flotar. No se fíe de ellos porque limitan el movimiento de los brazos y favorecen una posición incorrecta.

EN LA PISCINA

La piscina debe tener unas características básicas

BUSQUE UNA PISCINA con vestuarios limpios y seguros, personal que vigile y material (**accesorios**) bien conservado (incluyendo boyas salvavidas). La profundidad del agua, las instrucciones de seguridad y la temperatura del agua (unos 27° C) deben estar indicadas. Si el cloro del agua le perjudica, compruebe si la piscina utiliza ozono como depurador. Para practicar bien un estilo escoja una piscina de 25 m y seis calles, o una que tenga una calle separada.

PISCINAS EN PARQUES ACUÁTICOS
Son para divertirse, pero no para aprender a nadar. Los desniveles, toboganes, cascadas (derecha) y el ambiente de diversión, son apropiados para niños o para familiarizarse con el agua, pero no para aprender un estilo determinado.

CURSILLOS

Derecha: La mayoría de piscinas ofrecen cursillos para todas las edades (algunos incluso para disminuidos) con monitores especializados. Si empieza desde cero, estas actividades en grupo resultan más fáciles.

PISCINAS INFANTILES

Abajo: Muchas instalaciones disponen de una piscina menos profunda, separada, para niños. Los juegos que ayudan a familiarizarse, como formar un círculo y chapotear en el agua, pueden ser una buena forma de empezar un programa infantil.

— NADAR EN EL MAR —

FLOTAR EN EL MAR

Aunque es mejor aprender en una piscina, para algunos es más fácil nadar en el mar porque la flotabilidad es mayor debido a la sal. Puede resultar también un marco más estimulante que una piscina químicamente controlada, pero no nade nunca solo dado que no hay vigilantes cerca. Compruebe el tiempo y las mareas, la profundidad y los puntos de entrada y salida. No se aleje de la costa y manténgase paralelo a ella.

¿POR QUÉ NADAR?

Porque es ideal para la salud, para estar en forma y pasarlo bien

A MUCHA GENTE LE GUSTA estar en el agua, y por ello aprender a nadar es una medida de seguridad. Cuanto antes aprenda, mejor. La natación es un ejemplo perfecto de actividad que reúne deporte, pasatiempo y salud, accesible a todo el mundo. Niños y abuelos, atletas, mujeres embarazadas, disminuidos, todos pueden encontrar en el agua aspectos positivos para el cuerpo y la mente. Pero sobre todo, es importante disfrutar nadando.

— ASPECTOS POSITIVOS PARA TODO EL MUNDO —

VENTAJAS PARA LA SALUD
La natación es ideal para la salud general:
• mejora la resistencia y la coordinación;
• ejercita más músculos que cualquier otro deporte;
• hace que el corazón y los pulmones trabajen mejor, de forma que incrementa la circulación de oxígeno por todo el cuerpo;
• proporciona flotabilidad natural mientras ejercita, disminuyendo así la tensión.

CASOS ESPECIALES
La natación atiende a necesidades especiales como ningún otro deporte. Por ejemplo, asmáticos, epilépticos y aquellos con cualquier tipo de disminución física, pueden beneficiarse de este método natural.

MUJERES EMBARAZADAS
Las mujeres embarazadas aliviarán el peso y el cansancio de las últimas semanas y se sentirán más ágiles para el parto.

LA TERCERA EDAD
No hay límite de edad para tomar un baño. Una persona de 70, 80 o 90 años aún puede participar en campeonatos (ver p. 83).

NIÑOS PEQUEÑOS
Los niños mejoran su salud y coordinación, y se sienten más seguros. Hay que vigilarlos y animarlos continuamente.

OTROS DEPORTES

Si sabe nadar, podrá practicar con seguridad y sin miedo otros deportes acuáticos, ya sea en vacaciones o los fines de semana. Más adelante incluso podrá tomar parte en competiciones.

EL VIENTO Y EL AGUA
Arriba y arriba izquierda: para hacer surf y esquí acuático tiene que aprender, al menos, las técnicas básicas de la natación (Técnica 1-3 del libro). De lo contrario, cada vez que caiga al agua será presa del pánico.

WINDSURF
Izquierda: para practicar windsurf hay que ser un nadador competente. Tiene que poder nadar con fuerza para salvar la plancha y superar grandes caídas.

APUNTAR MUY ALTO
Hay tres deportes en los que hay que saber nadar (aparte de la propia natación): 1. Saltos (abajo). 2. Waterpolo (abajo, derecha). 3. Natación sincronizada (derecha), para lo que se necesita una buena técnica de **espalda** y resistencia. Algunas piscinas se dedican a la práctica de estos deportes.

ACCESORIOS DE AYUDA

Ayudan a flotar y a permanecer horizontalmente en el agua

EXISTEN DIFERENTES ACCESORIOS DE NATACIÓN en el mercado. Mientras que algunos pueden ser muy útiles durante el aprendizaje, otros pueden ser un obstáculo si se confía demasiado en ellos. Las **aletas** (o pies de pato), **tablas** y *pullbuoys* —ver las ilustraciones— son útiles porque ayudan a aguantarse en el agua.

LAS ALETAS

Las **aletas** ayudan a mantener el cuerpo en posición horizontal en el agua y proporcionan flexibilidad, sobre todo en los tobillos. Esta flexibilidad es básica para el movimiento de las piernas, donde las aletas actúan como una extensión, impulsándole con más fuerza en el agua.

Además, a los nadadores más inseguros, las aletas ayudan a conseguir mayor sensación de fuerza y velocidad.

AJUSTARLAS BIEN
Póngase las **aletas** empujando los pies con fuerza antes de asegurar el talón. Para que sean eficaces tienen que ajustarse bien al pie.

FUERA DEL AGUA
Es más fácil colocarse las **aletas** fuera del agua, sentado y fijándose en aquello que se está haciendo.

FUERZA EN LAS PIERNAS
Las **aletas** pueden ser de gran ayuda: si sus piernas tenían la potencia de un motor de 100 cm^3 (ver p. 33), las aletas aumentarán esta potencia a 250 cm^3. Sin embargo, no todas las piscinas permiten su utilización; compruébelo antes.

AL SALIR
Es mucho más fácil quitarse las **aletas** dentro del agua, pero recuerde que se hunden: prepárese a recogerlas.

FLOTADORES

Los **flotadores** como las **tablas** y *pullbuoys*, le ayudarán a mantenerse a flote mientras practica un estilo determinado con las piernas o los brazos.

TABLAS
Coloque las manos en la parte delantera, de modo que el cuerpo quede en la posición correcta en el agua. Si lo sujeta por un extremo, no tendrá flotabilidad.

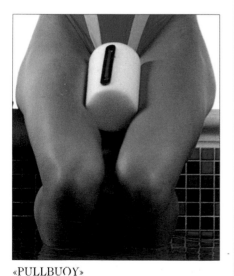

«PULLBUOY»
Útiles tanto para aprender como para practicar, los *pullbuoys* mantienen las piernas a flote y el cuerpo en la posición correcta mientras se concentra en el movimiento de brazos. Colóquelos entre las piernas y mueva los brazos.

GAFAS

Las gafas le permiten ver bajo el agua hacia donde va (y qué hacen las manos) sin que el cloro le irrite los ojos.

1. Primero, póngase las lentes sobre los ojos.

2. Una vez colocadas, estire la cinta sobre la cabeza.

3. Ajuste bien la cinta por detrás.

No se coloque *nunca* la cinta primero; los lentes de plexiglás podrían saltar sobre los ojos y dañarlos.

EJERCICIOS DE PREPARACIÓN

Ejercicios simples que fortalecen la musculatura

UNOS EJERCICIOS SENCILLOS Y METÓDICOS le pondrán en forma para cuando entre en el agua. Los siguientes ejemplos fortalecen los pulmones y el corazón y los ejercicios de estiramiento le ayudarán a prevenir una posible lesión muscular (en natación no es tan fácil lesionarse como en otros deportes debido al medio en que se practica). Practique estos ejercicios antes y después de nadar; empiece poco a poco y vaya aumentando el ritmo.

ESTIRAMIENTO DE HOMBROS

De pie, con los pies separados, gire cada brazo formando un círculo tan amplio como sea posible, primero hacia delante y luego hacia atrás. Note el estiramiento en los hombros.

SALTO DE VALLAS

Sentado como si pasara vallas, estírese desde la cintura hasta la pierna delantera y luego hasta la pierna lateral. Toque con el estómago el extremo de la pierna.

• *Pie delantero arqueado*

FLEXIONES SENCILLAS

Empiece realizando unas flexiones sencillas apoyando parte del peso sobre las rodillas antes de levantar las piernas (pie de página).

ABDOMINALES

Doble el cuerpo lentamente estirando los brazos y volviendo atrás. Levante la espalda suavemente, mantenga los pies en el suelo y échese sobre una toalla o colchón. Son ejercicios ideales para el estómago.

PIES

Extienda ligeramente los pies para tener más estabilidad.

FLEXIONES

Con las manos bajo los hombros, toque el suelo con la nariz y suba otra vez. Mantenga el cuerpo en línea recta, sin que sobresalgan las nalgas.

CABEZA
Levantada, mirando hacia delante.

PULMONES
Este ejercicio le ayudará a aumentar la capacidad pulmonar y a practicar las técnicas de respiración necesarias.

PIERNAS
No levante demasiado las piernas.

PULSO
Correr —o bailar— es excelente para el corazón y para el sistema circulatorio. Recuerde: no es cuestión de tener una gran musculatura, sino el corazón y los pulmones saludables, es decir, del tiempo que tarda el pulso en volver al ritmo normal después de un ejercicio (ver pp. 90-91).

BRAZOS
Saltar a la comba ayuda a coordinar el movimiento de piernas y brazos.

PIES
Levante los pies del suelo sólo un poco.

SALTAR A LA COMBA
Saltar a la comba es excelente para el corazón y los pulmones; y una cuerda apenas ocupa espacio en la bolsa de deporte.

FLEXIBILIDAD
Los ejercicios de estiramiento aumentan la flexibilidad y la conciencia del propio cuerpo.

HOMBROS
Ejercitar los hombros le ayudará en todos los estilos, sobre todo en el movimiento de brazos en el estilo mariposa.

PIERNAS
Con las piernas separadas, la postura es más firme y equilibrada.

ESTIRAMIENTO LATERAL
Para estirar los músculos de la espalda y de los hombros, ponga la mano en un codo y empújela hacia abajo de la espalda. Repita cuatro veces y cambie de brazo.

OBJETIVOS Y METAS

Fíjese una serie de objetivos realistas al aprender

APROVECHARÁ MÁS EL TIEMPO si antes de empezar sabe exactamente lo que desea conseguir, no sólo cuando practique sino también durante este cursillo. A medida que progrese, asegúrese que aprende las técnicas correctamente. No tenga prisa deseando aprender una técnica nueva y repita un paso o técnica, si es necesario. Aunque crea que puede saltarse los pasos iniciales o los estilos (Técnicas 1-7) y pasar directamente a los virajes, salidas y salidas rápidas (Técnicas 8-10), piénselo antes. Quizá sepa nadar crol, pero ¿es eficaz su técnica? ¿Sabe respirar **bilateralmente**? (ver p. 55) Hasta que no sepa respirar correctamente no debe pasar a la técnica siguiente.

Igualmente, un buen **viraje** depende de cómo se ha aproximado a la pared, por lo que no debe practicarlo hasta haber perfeccionado el crol. Con este libro perfeccionará su nivel, sea cual sea. Para practicar estas lecciones sería ideal hacerse socio de un club e incluso apuntarse a un cursillo, sobre todo si le falta seguridad. Cuídese de adquirir malos hábitos porque luego resultan muy difíciles de corregir. ¡Y piense que la edad, el sexo, el físico o el carácter no son ningún impedimento!

CURSILLOS
Decida si un cursillo le resultará útil. La mayoría de piscinas imparten clases para diferentes niveles y algunas incluso clases particulares (arriba), a un coste más elevado.

INDIVIDUALMENTE
Quizá prefiera practicar individualmente. En este caso busque un profesor con quien discutir la técnica, que le aconseje y que compruebe sus progresos de vez en cuando.

OBJETIVOS PERSONALES

Cuando se disponga a nadar, decida qué aspecto desea practicar o mejorar: el movimiento de brazos o piernas de un estilo, el ritmo, la respiración, la coordinación de movimientos... Es más fácil afrontar una técnica si la desglosa, practica sus aspectos individuales y luego lo practica todo junto. Piense si los accesorios pueden serle de utilidad, por ejemplo, al practicar un movimiento de brazos o piernas (arriba, derecha) o para familiarizarse con el agua (abajo). Trabaje tranquila y suavemente y piense en lo que está haciendo; combine la fuerza y la inteligencia.

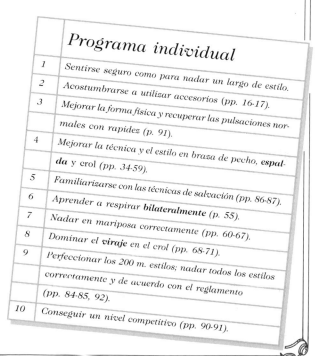

MOVIMIENTO DE • PIERNAS
Si decide trabajar un movimiento de piernas concreto (en la ilustración el de braza de pecho) empiece practicando sin mover los brazos. Practique sólo con las piernas manteniendo a **flote** el resto del cuerpo. (Para el movimiento de brazos, utilice un flotador entre las piernas.)

• SEGURIDAD
Si puede mantenerse a flote boca abajo, aguantando la respiración y relajado, habrá conseguido dominar una técnica fundamental.

VOLVER A EMPEZAR
Sea sincero con ud. mismo, ¿necesita volver a practicar los fundamentos? Quizá debería volver a empezar y practicar algunos ejercicios de flotabilidad elementales (ver pp. 24-33).

ORGANIZARSE
Derecha: Es preferible tener un plan de trabajo, ni que sea elemental. Presentamos aquí diez objetivos para trabajar y mejorar el nivel. Recuerde: no tenga prisa en cumplir un programa, practique con calma y disfrute nadando (en las pp. 90-91 encontrará un programa más avanzado).

Programa individual

1 Sentirse seguro como para nadar un largo de estilo.

2 Acostumbrarse a utilizar accesorios (pp. 16-17).

3 Mejorar la forma física y recuperar las pulsaciones normales con rapidez (p. 91).

4 Mejorar la técnica y el estilo en braza de pecho, **espalda** y crol (pp. 34-59).

5 Familiarizarse con las técnicas de salvación (pp. 86-87).

6 Aprender a respirar **bilateralmente** (p. 55).

7 Nadar en mariposa correctamente (pp. 60-67).

8 Dominar el **viraje** en el crol (pp. 68-71).

9 Perfeccionar los 200 m. estilos; nadar todos los estilos correctamente y de acuerdo con el reglamento (pp. 84-85, 92).

10 Conseguir un nivel competitivo (pp. 90-91).

CURSILLO DE FIN DE SEMANA

Fíjese unos objetivos durante el fin de semana

•

ESTE CURSILLO DE DOS DÍAS consta de una serie de diez técnicas de natación adecuadas a diferentes niveles. No es necesario, si no lo desea, estar en el agua todo el tiempo que se requiere para completar el cursillo. Lo ideal sería «sumergirse» en el nivel que más le convenga. Si es principiante, concéntrese en las Técnicas 1-3; si está familiarizado con el agua, empiece con los estilos (Técnicas 4-7). Puede aplazar los virajes, las salidas y la salida de competición (Técnicas 8-10) para otro fin de semana, así como practicar estas lecciones durante varios fines de semana. Sea cual sea su nivel, el único y principal requisito es confiar en lo que se está haciendo.

DÍA 1		Horas	Página
TÉCNICA 1	Entrar en el agua	½	24
TÉCNICA 2	Flotabilidad	½	28
TÉCNICA 3	Aprender a moverse	½	30
TÉCNICA 4	Estilo braza	1	34
TÉCNICA 5	Estilo espalda	1	44

Doble brazo en espalda

Entrar y salir de la piscina

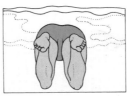

Movimiento de piernas en braza

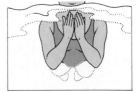

Movimiento de brazos en braza

CLAVE DE LOS SÍMBOLOS

RELOJES

En la primera página de cada nueva técnica aparece un pequeño reloj. La parte azul indica el tiempo y la hora del día que debe dedicar a esta técnica. Busque, por ejemplo, el reloj de la página 28. El segmento de color azul indica que debe dedicar ½ hora a la técnica 2, y el color gris indica que ha empleado ½ hora en la técnica anterior. Pero el reloj sólo marca la pauta; sea flexible y no fuerce el ritmo.

MINIATURAS

Las series de miniaturas presentes en cada técnica, indican el número de pasos de cada una. La figura de color azul corresponde a la de la ilustración.

NIVEL DE DIFICULTAD

Cada técnica tiene un nivel de dificultad, desde un punto (•) para una técnica relativamente sencilla hasta cinco puntos (•••••) para los desafíos mayores.

Balanceando el cuerpo en espalda

Braza de pecho: salir para respirar

DÍA 2			Horas	Página
TÉCNICA	6	Crol	1	52
TÉCNICA	7	Mariposa	1	60
TÉCNICA	8	Virajes	3/4	68
TÉCNICA	9	Salidas	3/4	74
TÉCNICA	10	Salidas en competición	1/2	78

Estirarse en el crol

Utilizar flotadores

1 ENTRAR EN EL AGUA

Definición: *Sentirse seguro en el agua*

VENCER EL MIEDO AL AGUA no es difícil si se conserva la calma. Busque una piscina climatizada (28° aprox.), con vigilante y con una parte menos profunda donde no pierda pie y donde nadie le salpique, y siga los pasos siguientes.

OBJETIVO: Adquirir seguridad en uno mismo dentro del agua.
Nivel de dificultad •

UTILIZAR LA ESCALERA

Utilice siempre las escalerillas para entrar en el agua si no se siente del todo seguro. Antes de bajar los escalones, compruebe el nivel del agua. Sujétese a la barandilla y bájelos de espaldas, lentamente y con cuidado, hasta tocar el fondo de la piscina. Cuando esté de pie, el agua debería llegarle hasta la cintura. Si es necesario utilice una **tabla** u otra clase de **flotador** al alcance de la mano.

POCO A POCO
Baje de espaldas, un escalón cada vez, sin prisas y con tranquilidad.

BARAN-DILLA
Cójase siempre a la barandilla.

PIERNAS •
Mantenga las piernas y los pies relajados, sin tensión.

SANO Y SALVO
Sitúese en una parte de la piscina donde se encuentre tranquilo y relajado. Compruebe siempre que haya vigilantes alrededor.

• BRAZO
Cruce el brazo izquierdo
(o el derecho) para
hacer palanca y apo-
yar así el cuerpo.

PARA SALIR
También puede utilizar este método para salir de la piscina. Ponga las manos en el borde
y gire el cuerpo de espaldas fuera del agua
para sentarse en el borde de la piscina.

EL PESO DEL CUERPO •
Cargue el peso del cuerpo en
los brazos y las manos a medida que empie-
za a bajar poco
a poco.

ENTRAR EN LA PISCINA

Siéntese en el borde de la parte menos
profunda de la piscina, de cara al agua.
Con las manos apoyadas, gire el cuerpo poco a poco y muévase de espaldas. Los brazos han de hacer fuerza
para aguantar el peso del cuerpo.

SALIR DE LA PISCINA

PARA LOS MÁS FAMILIARIZADOS
Si no se siente seguro, es preferible que
utilice siempre las escaleras al entrar
y salir del agua; para aquellos que están
más tranquilos en el agua, y que
tienen bastante fuerza en los brazos,
el sistema anterior es ideal.
Pero para los que tienen mucha fuerza
y están totalmente familiarizados con el
agua, el método de la derecha es un sistema rápido y eficaz de salir (o entrar) de
la piscina. Sujétese al borde
de la piscina mirando hacia el agua y
levántese haciendo fuerza con los
brazos hasta sentarse en el borde de la
piscina.

**FUERZA
DE BRAZOS •**
Levántese hacien-
do fuerza con
los músculos
de los brazos.

1 JUGAR CON EL AGUA

Es un buen sistema de acostumbrar la cara al agua. Sitúese en la parte menos profunda frente a las escaleras. Con los ojos cerrados, empiece a echarse agua a los ojos poco a poco hasta acostumbrarse al contacto del agua en la cara.

IR POCO A POCO •
Echarse agua a la cara es un primer paso antes de sumergir la cara (abajo). En todas las técnicas tendrá que mojarse la cara y en la mayoría tendrá que sumergir la cara en el agua y adoptar una posición más aerodinámica para moverse con más facilidad y menos esfuerzo.

SUMERGIR LA CARA

Una vez acostumbrado a tener la cara mojada, pruebe de sumergirla. Sujétese en la barandilla o en el borde de la piscina y hunda la cara poco a poco hasta sumergirla totalmente. Súbala casi inmediatamente y repita.

Trate sencillamente de balancear la cabeza hacia dentro y hacia fuera con suavidad. Cuando se haya familiarizado, aguante la respiración bajo el agua durante unos instantes. Se preparará así para nadar con **déficit de oxígeno** y para espirar bajo el agua y aspirar al salir, tal como debe hacer en los principales estilos.

ORIENTACIÓN

SIN MIEDO
Este ejercicio le dará la seguridad necesaria para orientarse bajo el agua. Izquierda: sumérjase aguantando la respiración y abra los ojos. Es mejor que utilice gafas. Suba poco a poco. Derecha: baje dejando ir burbujas, espirando por la boca y la nariz.

FLOTABILIDAD

Ya es hora de intentar que el cuerpo se mantenga «encima» del agua. Sujétese en el borde de la piscina o en los escalones, haciendo fuerza con los brazos, colocándose tan plano como pueda. Sitúese primero boca abajo y luego boca arriba. Deje que el agua le llegue hasta las orejas y practique sumergiendo la cabeza otra vez. Cuando se sienta seguro, utilice una **tabla** (ver pp. 28-29).

PIES
Boca arriba, coloque los talones sobre los escalones de la piscina.

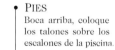

LA MEJOR POSICIÓN DE LAS MANOS •
Coloque una mano más alta que la otra. Si están a la misma altura le será muy difícil levantar la parte inferior del cuerpo y mantener el cuerpo en línea recta.

2 FLOTABILIDAD

Definición: *Flotabilidad con el uso de accesorios*

TODOS FLOTAMOS de forma natural, no sólo porque el cuerpo tiene menos **densidad** que el agua, sino también porque el aire de los pulmones nos ayuda a mantenernos a flote. Incluso aquellas personas que se hunden más fácilmente debido a su peso pueden flotar aguantando la respiración.

OBJETIVO: Conseguir una posición equilibrada en el agua.
Nivel de dificultad ••

PRIMERA FLOTACIÓN

Empiece en la parte menos profunda de la piscina con dos sencillas posiciones de flotación: la primera sentado y la segunda cara abajo. Para sentarse, colóquese una **tabla** bajo las nalgas, siéntese y **reme** con las manos (p. 31). Para flotar de cara, póngase un **flotador** bajo el estómago y permanezca estirado sobre la superficie del agua. Es la mejor posición y la más cómoda para nadar en cualquier estilo (ver pp. 34-67).

• POSICIÓN CLÁSICA
El cuerpo tiene que adoptar una posición totalmente aerodinámica, como una flecha. Tenga paciencia, siempre puede sentarse si es necesario.

MOVERSE

Una vez cómodo boca abajo, sitúese de espaldas. Utilice un **flotador** bajo las nalgas para apoyarse mejor. Ahora, con un flotador bajo cada brazo, vaya a una zona más profunda y extienda las piernas, dóblelas otra vez y muévalas de este modo. Los flotadores le mantienen por encima del agua.

COMPROBAR LA FLOTABILIDAD

Casi todos flotamos en una posición natural, como en la ilustración, encogidos como un ovillo, con la cara sumergida y las manos abrazando las rodillas. El aire de los pulmones nos mantiene en esta posición y para comprobarlo aspire profundamente y relájese antes de sumergirse. Si espira poco a poco una vez sumergido, empezará a hundirse. Además, esta postura le ayudará a cambiar de una posición vertical a otra horizontal, y al revés.

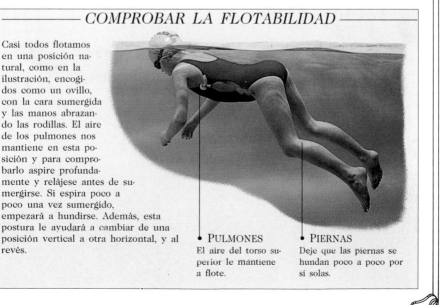

• PULMONES
El aire del torso superior le mantiene a flote.

• PIERNAS
Deje que las piernas se hundan poco a poco por sí solas.

3

APRENDER A MOVERSE

Definición: *Moverse con estilo en una posición aerodinámica*

LA NATACIÓN, ADEMÁS DE UN DEPORTE, ES TAMBIÉN UNA CIENCIA, y para moverse a través del agua con eficacia hay que tener en cuenta dos factores fundamentales: primero, mantener el cuerpo horizontal para reducir la **resistencia** del agua y, segundo, empujar el agua desde delante hacia atrás (no desde un lado, desde arriba o desde abajo). Piense que las piernas son el motor de una barca: las motoras siempre «planean» (se elevan en el agua) gracias al potente motor posterior. Nosotros no podemos planear porque evidentemente no podemos ir tan rápido, pero moviendo las piernas con fuerza podemos mantener una posición lo más alta y horizontal posible. Utilizamos los músculos de las nalgas y de los muslos para impulsarnos, empleando cantidad de energía, con el consiguiente cansancio. He aquí la utilidad de los ejercicios de las pp. 18-19.

OBJETIVO: Aprender a moverse a través del agua.
Nivel de dificultad •••

EMPUJAR Y DESLIZARSE

MOVERSE BAJO EL AGUA

Acostúmbrese a moverse y a exhalar bajo el agua: utilice **aletas** para obtener más potencia, respire profundamente e impulse el cuerpo desde el borde de la piscina, bajo la superficie.
• Cuando el impulso disminuya, haga un movimiento **ondulatorio** como un delfín con todo el cuerpo.
• Sitúe la cabeza dentro, los brazos fuera y las manos tocándose, como una flecha. Así, junto con la fuerza que las **aletas** dan a las piernas, podrá impulsarse mejor a través del agua. Espire lentamente (note las burbujas) e intente practicar nadando a lo ancho de la piscina.

Remo

Los nadadores sincronizados deben
gran parte de su técnica al **remo**. Se
trata de **buscar agua** y empujarla de
izquierda a derecha, y abajo, para
mantenerse a flote. Pruébelo primero
con **flotadores** (pp. 28-29), y luego
sin ellos, utilizando las muñecas y la
fuerza de los antebrazos para empujar. Mientras rema con las manos,
hágalo también suavemente con las
piernas, utilizando el estilo braza, o
bien «pedaleando» (ver abajo).

MANOS
Mueva las
manos ligera-
mente hacia
fuera y hacia
abajo, con las
palmas empujan-
do contra el agua
y los meñiques levan-
tados, luego hacia
atrás otra vez, con los
pulgares levantados.
Es un movimiento si-
milar al de los **remos**
de una barca. Obser-
vará que la **pala** va
desde el codo hasta
la punta de los dedos y
que no es sólo la mano.

PIERNAS
Mueva las
piernas
como si peda-
leara, o ejerci-
te la versión
vertical del mo-
vimiento de pier-
nas en braza con
una pierna cada
vez. Empuje hacia
abajo y hacia fuera
contra el agua, con
la planta de los pies.

RESISTENCIA

Imagine que el agua es un objeto sólido. Para comprobar la **resistencia** del agua haga estos **ejercicios**:

1. Flotador horizontal

Sitúese de modo que el agua le cubra hasta el cuello e inclínese ligeramente. Sujete un flotador por delante y bajo el agua, horizontalmente, y camine poco a poco. Note la resistencia del agua.

2. Flotador en ángulo recto

Ahora repita el primer paso pero sujetando el flotador en ángulo recto. Observe que es más difícil moverlo hacia delante que en el ejercicio anterior.

Si imagina que el flotador es el cuerpo, estos ejercicios demuestran que si el cuerpo está bajo el agua formando ángulo, es más difícil avanzar que si forma una línea aerodinámica cerca de la superficie.

1. HORIZONTALMENTE

2. ÁNGULO RECTO

AYUDAS AUXILIARES

Continuando con el sencillo ejercicio de empuje y **deslizamiento** de la p. 30, haga los siguientes ejercicios con las piernas. El batido le impulsa y mantiene la parte inferior del cuerpo, que tiende a hundirse, en posición horizontal. Utilice **tablas** y **aletas** para practicar, accesorios que le servirán para concentrarse en la acción de las piernas y para «acelerarlas» (como un motor) más fácilmente. Sujetando una tabla, y con unas aletas, mueva las piernas hacia abajo desde las caderas, estirándolas bien. Flexione ligeramente las rodillas con los dedos rectos y bata tan cerca de la superficie como pueda. Mientras una pierna baja la otra sube, alternativamente. Si ya tiene práctica, ejercite ahora el movimiento de brazos de cualquier estilo utilizando un **pullbuoy** entre las piernas.

1. Cuando practique con las piernas utilizando una **tabla**, mire hacia delante y mantenga el cuerpo en posición aerodinámica.

2. Utilice un **pullbuoy** para mantener las piernas a flote y separadas, mientras se concentra en practicar con los brazos.

AVANZAR

POTENCIA DE LAS PIERNAS

Observe esta motora y luego el estilo mariposa de la ilustración. El movimiento del agua muestra la fuerza del batido de las piernas. La barca y el nadador se elevan atravesando el agua. En las imágenes puede verse cómo las piernas hacen de motor. Recuerde que sólo avanzará si mueve el agua; batir en el aire no conduce a nada. Las piernas (y los brazos) tienen que trabajar en el agua tanto como sea posible.

AGUA EN MOVIMIENTO

La ilustración de la derecha muestra hacia dónde deben moverse los brazos para poder avanzar: desde delante hacia atrás. Observe en la ilustración de abajo cómo el agua todavía se mueve hacia atrás debido al barrido anterior de los brazos. Tiene que ir buscando agua continuamente, como si fuera una «pared» que hay que empujar para poder avanzar. Pero al presionar contra el agua que aún está en movimiento, el impulso disminuye: intente pues mover los brazos formando arcos (o el ojo de una cerradura; pp. 48, 64), en lugar de moverlos en línea recta.

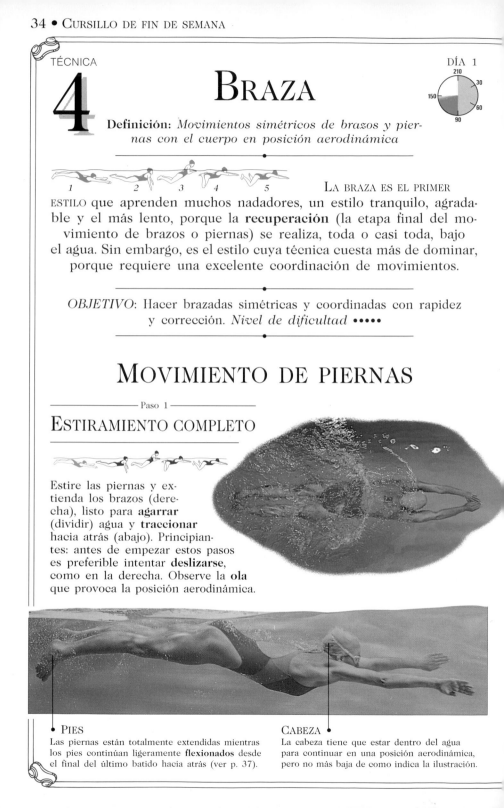

TÉCNICA

4

Braza

DÍA 1

Definición: *Movimientos simétricos de brazos y piernas con el cuerpo en posición aerodinámica*

1   2   3   4   5   La braza es el primer
estilo que aprenden muchos nadadores, un estilo tranquilo, agrada-
ble y el más lento, porque la **recuperación** (la etapa final del movimiento de brazos o piernas) se realiza, toda o casi toda, bajo
el agua. Sin embargo, es el estilo cuya técnica cuesta más de dominar,
porque requiere una excelente coordinación de movimientos.

OBJETIVO: Hacer brazadas simétricas y coordinadas con rapidez
y corrección. *Nivel de dificultad* •••••

Movimiento de piernas

——— Paso 1 ———

Estiramiento completo

Estire las piernas y ex-
tienda los brazos (dere-
cha), listo para **agarrar**
(dividir) agua y **traccionar**
hacia atrás (abajo). Principian-
tes: antes de empezar estos pasos
es preferible intentar **deslizarse**,
como en la derecha. Observe la **ola**
que provoca la posición aerodinámica.

• Pies
Las piernas están totalmente extendidas mientras
los pies continúan ligeramente **flexionados** desde
el final del último batido hacia atrás (ver p. 37).

Cabeza •
La cabeza tiene que estar dentro del agua
para continuar en una posición aerodinámica,
pero no más baja de como indica la ilustración.

LAS PIERNAS

Paso 2

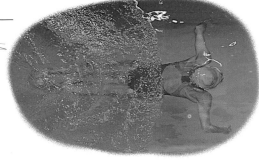

Empiece a doblar las piernas por la rodilla. Mueva siempre las dos piernas (y los dos brazos) juntas: la ilustración de la derecha muestra la simetría correcta del cuerpo. Al llegar a este punto, los brazos finalizan la fase de «propulsión», impulsando hacia delante.

RODILLAS JUNTAS
Tiene que mantener las rodillas tan juntas como pueda, de modo que el cuerpo forme una línea recta y aerodinámica.

TRACCIÓN HACIA ATRÁS
Los brazos **traccionan** sin pasar de este punto. Las manos no sobrepasan la altura del hombro; después, los brazos vuelven a empujar hacia delante (ver paso 3).

SIMETRÍA

PIERNAS ALINEADAS
La braza es un estilo simétrico y sincronizado, pero algunos nadadores tienen un **batido asimétrico**. Es decir, una pierna hace algo ligeramente diferente de la otra al batir hacia atrás (ver pág. 37). Para habituarse a mantener las piernas alineadas durante el batido (ver arriba), intente colocarse un **flotador** entre las piernas. De este modo, es difícil batir porque sólo puede utilizar la parte inferior de las piernas, lo cual disminuye el grado de propulsión. Sin embargo, es un **ejercicio** que ayuda a coordinar las piernas correctamente.

———— Paso 3 ————

RECUPERACIÓN

Flexione las piernas por las rodillas y eleve los pies. Mantenga los talones tan juntos como pueda pero sin tocarse. Los pies están **flexionados** hacia atrás y hacia fuera. Ahora empieza la fase de recuperación de las piernas en que al final vuelven a quedar extendidas como al principio. Los brazos también recuperan; ya han acabado la **tracción** cuando vuelven hacia el cuerpo y hacia delante (ver la ilustración aérea de abajo). Este movimiento permite que la parte superior del cuerpo salga automáticamente fuera del agua para poder respirar.

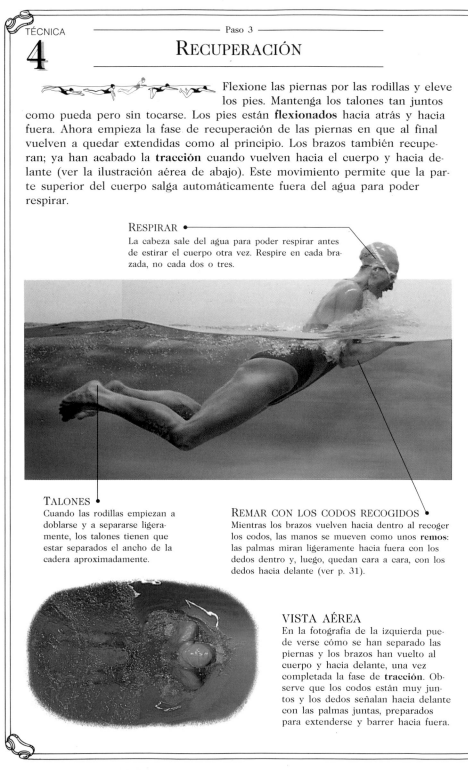

RESPIRAR •
La cabeza sale del agua para poder respirar antes de estirar el cuerpo otra vez. Respire en cada brazada, no cada dos o tres.

TALONES •
Cuando las rodillas empiezan a doblarse y a separarse ligeramente, los talones tienen que estar separados el ancho de la cadera aproximadamente.

REMAR CON LOS CODOS RECOGIDOS •
Mientras los brazos vuelven hacia dentro al recoger los codos, las manos se mueven como unos **remos**: las palmas miran ligeramente hacia fuera con los dedos dentro y, luego, quedan cara a cara, con los dedos hacia delante (ver p. 31).

VISTA AÉREA
En la fotografía de la izquierda puede verse cómo se han separado las piernas y los brazos han vuelto al cuerpo y hacia delante, una vez completada la fase de **tracción**. Observe que los codos están muy juntos y los dedos señalan hacia delante con las palmas juntas, preparados para extenderse y barrer hacia fuera.

Paso 4

EL BATIDO DE PIERNAS

Flexione las piernas de modo que los pies suban hacia las nalgas. Los pies, **flexionados** en un ángulo de 90°, giran hacia fuera; el batido, hacia fuera y hacia atrás, empieza en las caderas. Ahora suba las piernas juntas y extiéndalas hacia atrás. Al final, vuelva a una posición **deslizante** (p. 34).

• CABEZA
La cara está sumergida en el agua. Espire cuando la cara entra dentro.

POSICIÓN DE LOS BRAZOS •
Al final del batido los brazos han acabado la **recuperación** y vuelven a extenderse hacia delante. Es como si batiera las manos hacia delante.

PIES •
Los pies **flexionados**, con los dedos señalando a la pierna, forman unas **palas** que empujan contra el agua e impulsan con fuerza. Note la flexión a través de las caderas.

EL BATIDO
Este tipo de batido solía ser más rígido que el actual, llamado **latigazo**, más fluido, en que pies y tobillos suben juntos antes de separarse, empujan y vuelven juntos otra vez.

ASPECTOS DIVERSOS DEL BATIDO

UN REPASO •
En la fotografía pueden observarse varios aspectos del movimiento de piernas:
• Es el único estilo en que los dedos están **flexionados** y no rectos. Cuando trabajan, los pies están flexionados, relajados y ligeramente rectos al **recuperar**.
• En braza, al moverse las piernas forman un corazón claro y simétrico.
• El batido es diferente que en el estilo mariposa (p. 61), pero es el mismo tipo de **latigazo**.

Forma simétrica del cuerpo

Pies ladeados hacia fuera •

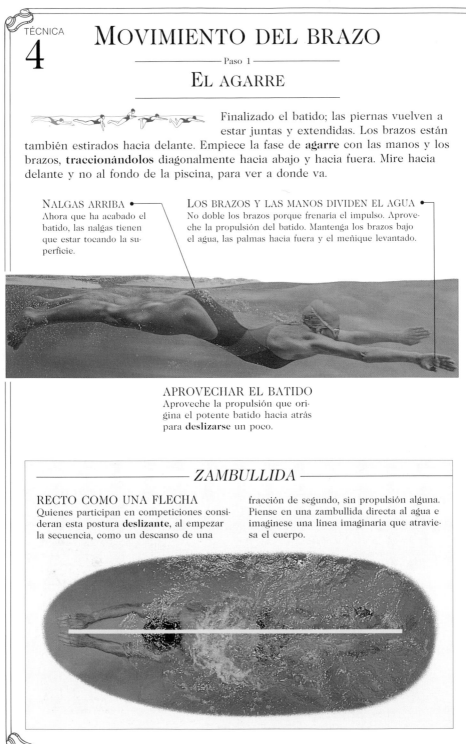

MOVIMIENTO DEL BRAZO

—————— Paso 1 ——————

EL AGARRE

Finalizado el batido; las piernas vuelven a estar juntas y extendidas. Los brazos están también estirados hacia delante. Empiece la fase de **agarre** con las manos y los brazos, **traccionándolos** diagonalmente hacia abajo y hacia fuera. Mire hacia delante y no al fondo de la piscina, para ver a donde va.

NALGAS ARRIBA •
Ahora que ha acabado el batido, las nalgas tienen que estar tocando la superficie.

LOS BRAZOS Y LAS MANOS DIVIDEN EL AGUA •
No doble los brazos porque frenaría el impulso. Aproveche la propulsión del batido. Mantenga los brazos bajo el agua, las palmas hacia fuera y el meñique levantado.

APROVECHAR EL BATIDO
Aproveche la propulsión que origina el potente batido hacia atrás para **deslizarse** un poco.

—————— *ZAMBULLIDA* ——————

RECTO COMO UNA FLECHA
Quienes participan en competiciones consideran esta postura **deslizante**, al empezar la secuencia, como un descanso de una

fracción de segundo, sin propulsión alguna. Piense en una zambullida directa al agua e imagínese una línea imaginaria que atraviesa el cuerpo.

GANAR ALTURA

JUNTAR LOS BRAZOS
Suba hacia arriba para juntar los brazos practicando el batido mariposa y utilizando **aletas**. En braza no puede flexionar los pies y por lo tanto no puede utilizarlas. Cuando mueva los brazos juntos y hacia arriba impulse agua hacia delante.

Paso 2

TRACCIÓN COMPLETA

Baje los brazos: las manos **traccionan** hacia los lados, abajo y atrás, con los dedos un poco abiertos durante el agarre. En el punto más profundo, la parte inferior del brazo forma 90°, la parte superior está a la altura del hombro y el codo doblado y alto. Las manos no sobrepasan la altura del hombro.

Paso 3

CODOS

Junte los codos al estirar cuerpo, suba tanto como pueda, y respire. En esta fase, los brazos no impulsan el cuerpo, de modo que las palmas pueden estar juntas o cruzadas formando una línea aerodinámica.

PREPARARSE •
Preparado para estirar los brazos hacia delante (ayudado por el batido).

ESPIRAR •
Las burbujas muestran que casi ha finalizado de espirar.

• HÉLICES
Saque el máximo partido de las **palmas** que van desde los dedos hasta los codos. No utilice sólo las manos: éstas deben estar sueltas, no rígidas.

─────── Paso 4 ───────
ESTIRAMIENTO

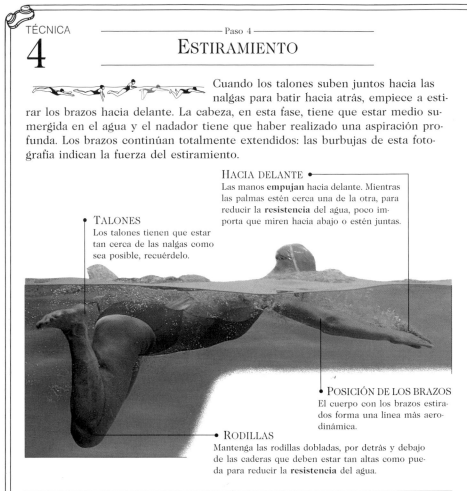

Cuando los talones suben juntos hacia las nalgas para batir hacia atrás, empiece a estirar los brazos hacia delante. La cabeza, en esta fase, tiene que estar medio sumergida en el agua y el nadador tiene que haber realizado una aspiración profunda. Los brazos continúan totalmente extendidos: las burbujas de esta fotografía indican la fuerza del estiramiento.

HACIA DELANTE •
Las manos **empujan** hacia delante. Mientras las palmas estén cerca una de la otra, para reducir la **resistencia** del agua, poco importa que miren hacia abajo o estén juntas.

• TALONES
Los talones tienen que estar tan cerca de las nalgas como sea posible, recuérdelo.

• POSICIÓN DE LOS BRAZOS
El cuerpo con los brazos estirados forma una línea más aerodinámica.

• RODILLAS
Mantenga las rodillas dobladas, por detrás y debajo de las caderas que deben estar tan altas como pueda para reducir la **resistencia** del agua.

─────── *POSICIÓN AERODINÁMICA* ───────

BAJA RESISTENCIA
Cuando extienda los brazos manténgalos bajo la superficie, con la cabeza dentro, de modo que el cuerpo forme una línea aerodinámica, desde los dedos hasta las nalgas. Esta posición, y las manos juntas mientras **empuja** hacia delante, reducen la **resistencia** del agua. Procure que ésta sea la mínima posible o encontrará que la braza puede llegar a ser fácilmente un estilo muy irregular: rápido, lento, rápido y así sucesivamente.

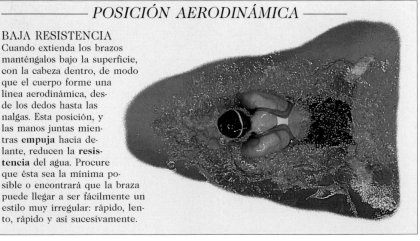

MOVIMIENTOS SIMÉTRICOS

DELANTE DE UN ESPEJO

Imagínese una línea vertical que atraviesa el centro del nadador mientras nada en braza, visto de frente y desde atrás. Observe la simetría de los movimientos. Puede ver las principales fases de los brazos y la secuencia de las piernas. Recuerde que estas fases de la acción de las piernas no coinciden con las de los brazos (aquí, la disposición de estas fases, una debajo de otra, no significa que coincidan).

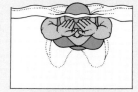 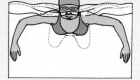 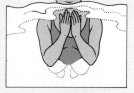

1. *Estiramiento; cara dentro* **2.** *Tracción; codos altos* **3.** *Recuperación; manos arriba*

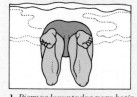 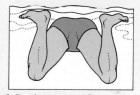 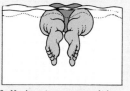

1. *Piernas levantadas para batir* **2.** *Batido atrás; pies flexionados* **3.** *Vuelven juntas, extendidas*

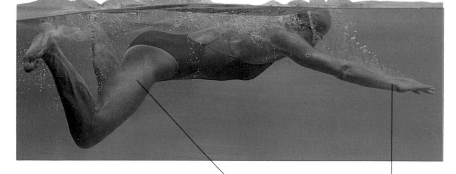

— Paso 5 —
ÚLTIMA ETAPA

Bata las piernas hacia atrás con fuerza (observe las burbujas de los pies) manteniendo la cabeza baja y los brazos rectos. Cuando **recuperan** y se estiran, los brazos deben estar cerca de la superficie del agua.

• PIERNAS
Como un **látigo** o como una **cuña**, bata con las dos piernas a la vez, evitando un **batido asimétrico**. Las brazadas tienen que ser rítmicas, fuertes y fluidas. Nade **ondulando** el cuerpo en el agua.

ALTURA DEL BRAZO •
Al acabar el batido, si es posible, los brazos deberían estar más altos y formar una línea más aerodinámica que en la ilustración.

EMPIEZA EL AGARRE •
Las manos se mueven hacia fuera y abajo,
con las palmas hacia fuera, cuando empieza
la fase de **agarre** en el agua.

TRACCIÓN •
Las piernas se doblan cuando la **tracción** de
los brazos llega a la máxima profundidad.

SECUENCIA

Esta secuencia muestra claramente
cómo tienen que trabajar los brazos y
las piernas para que el estilo sea fluido y para mantener el impulso visto
en mariposa. Tenga siempre presente
la interacción de brazos y piernas:
cuando los brazos trabajan, las piernas **recuperan**; cuando éstas trabajan,
recuperan los brazos: ambas extremidades trabajan al mismo tiempo para
impulsarle. Fuera del agua apenas hay
actividad (excepto respirar y juntar
los brazos), por tanto los movimientos tienen que ser correctos para contrarrestar la **resistencia** del agua.

PIERNAS
El movimiento de
las piernas es de em-
puje-**recuperación**, y
no como en otros
estilos en que, con
los pies rectos, fun-
cionan como un mo-
tor. La coordinación
es crucial: empuje
con los pies y luego
traccione con los
brazos.

EJERCICIOS PARA NADAR EN BRAZA

BATIDO HACIA ATRÁS

Ponga las manos en las nalgas y mueva sólo las piernas, intentando tocar los talones con los dedos cada vez (abajo). Este **ejercicio** le enseñará a subir los pies hasta el cuerpo sincronizadamente.

CABEZA SUMERGIDA

Nade unos largos manteniendo la cabeza baja. Aunque prefiera tener la cara levantada, es necesario bajar la cabeza para ganar velocidad (vencer la **resistencia** del agua) y conseguir un buen ritmo.

CODOS

Pegue los codos al cuerpo. Si consigue sacar agua hacia delante, el movimiento correcto.

ALGUNOS CONSEJOS

Siga los Pasos 1-5 con movimientos fluidos. Si practica sin prisas, conseguirá **deslizarse** a través del agua. Mantenga altas las caderas y las nalgas. En la fase de estiramiento, la cabeza debería estar ligeramente sumergida formando una línea recta con el cuerpo. Las manos inician el **agarre** en el agua y **traccionan** abajo y afuera con los dedos **sueltos**, ligeramente abiertos y relajados (Pasos 1-2). Las manos vuelven juntas bajo el pecho formando una ola (Paso 3). Los pies están **flexionados** hacia atrás, listos para el batido. Estire los brazos cuando la cara se sumerge en el agua (Paso 4). Después de empujar con los pies (Paso 5), volverá a la fase de **deslizamiento**.

CABEZA DENTRO

La cabeza vuelve dentro y los pies están arriba al empezar el batido.

ÚLTIMA ETAPA

Estire los brazos. **Flexione** los pies para batir hacia atrás empujando contra el agua, **deslizarse** y empezar otra brazada.

5

ESPALDA

Definición: *Estilo alternativo en el que se nada sobre la espalda sin ver hacia donde se va*

EL ESTILO ESPALDA, LLAMADO TAMBIÉN «CROL DE ESPALDA», es el tercer estilo más rápido. Es el único en el que la cara nunca entra en el agua (aunque inevitablemente se moje), por lo que el ritmo de la respiración no es tan importante como en otros estilos. Por eso puede interesarle aprender este estilo, siempre que no le importe no ver hacia donde nada.

OBJETIVO: Impulsarse hacia delante, nadando sobre la espalda, en una línea lo más recta posible. *Nivel de dificultad* ••••

FLOTABILIDAD

Si es principiante, antes de empezar a nadar de espalda es preferible que practique con un **flotador** bajo la cabeza, como una almohada. Hágalo hasta familiarizarse con la posición de espalda. Es una posición cómoda para respirar que ayuda a mantener el cuerpo alto y horizontal en el agua.

HORIZONTAL
Este **ejercicio** le ayudará a mantenerse horizontal, contrarrestando la tendencia natural de las piernas a hundirse cuando el cuerpo está de espaldas. Procure, si puede, colocarse más alto y plano que en la ilustración.

FLOTADOR •
Con un flotador, además de apoyar la cabeza, acercará ligeramente la barbilla al pecho y la cabeza adoptará una posición aerodinámica correcta.

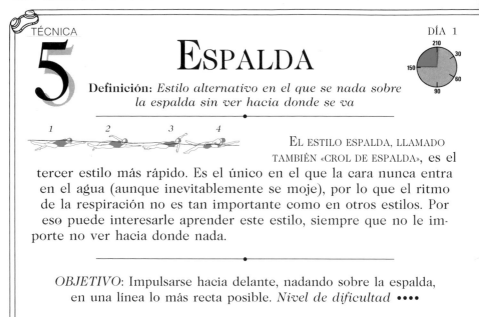

EN LÍNEA RECTA
Esta postura (derecha) muestra la posición que debe adoptar: en línea recta y cerca de la superficie, como en el crol, pero de espalda.

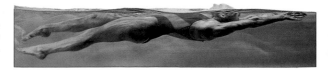

ALETAS Y FLEXIBILIDAD

LA FUERZA DE UNA HÉLICE

Las **aletas** le ayudarán a conseguir flexibilidad en los tobillos y los dedos, tan necesaria en el batido de espalda. Conseguirá desarrollar un batido profundo manteniéndolo bajo el agua, aspecto fundamental para un buen impulso. Los pies, si acaso, deben romper la superficie sólo ligera y suavemente. Un batido fuerte no significa salpicar, que normalmente significa batir en el aire con escaso impulso. Tiene que doblar las piernas por las rodillas, pero sin «pedalear», para no gastar energía. Las **aletas** le ayudarán a mantener las piernas lo más rectas posible, pero flexibles, no rígidas.

PRACTICAR EL BATIDO

Intente mejorar la posición del cuerpo mientras practica el batido. Baje una pierna mientras la otra sube, utilizando **aletas** y con los brazos más allá de la cabeza (ver arriba). Es un batido similar al del crol: desde la cadera y los músculos del muslo. Imagínese que el cuerpo se balancea sobre una línea que va desde las manos hasta las aletas. La clave del estilo espalda no es nadar plano sobre la espalda, sino balancearse en cada brazada alternativa, con un movimiento basculante.

BRAZOS Y MANOS •

Mantenga los brazos extendidos y las palmas abiertas, con los pulgares tocándose, o uno encima del otro (cruce las muñecas o si prefiere estreche las manos). Esta posición en forma de flecha le impulsará a través del agua, como una barca. Si pone los brazos en los lados, los hombros forman una pared que impide avanzar.

MIRAR EN LA DIRECCIÓN CORRECTA

A menudo, el principiante se siente incómodo al nadar de espalda porque no ve hacia donde va. En lugar de mirar hacia el cielo, colocando la cabeza en una posición equivocada, observe algún punto de la pared lejos de donde nada y mantenga la mirada fija en este punto.

MAYOR IMPULSO •

Las **aletas** fortalecen la musculatura de las piernas.

TÉCNICA

5 MOVIMIENTO DE PIERNAS

BATIR LAS PIERNAS

En espalda las piernas se mueven de forma alternativa y continuada arriba y abajo, batido que empezó a aprender en la p. 45. Practique hasta familiarizarse, sin empezar aún a mover los brazos. Continúe batiendo las piernas arriba y abajo en un movimiento largo, relativamente recto, que empieza en las caderas, las nalgas y los muslos, no en las rodillas.

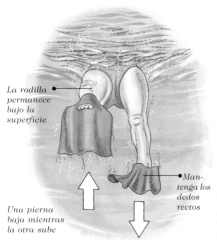

La rodilla permanece bajo la superficie

Una pierna baja mientras la otra sube

Mantenga los dedos rectos

INCORRECTO •
La rodilla está demasiado doblada: el ángulo no debe ser superior a 45°. De lo contrario, sólo batirá las piernas sin conseguir una buena propulsión.

ARRIBA Y ABAJO

Arriba: al subir las piernas, estire los tobillos y los dedos batiéndolas hacia arriba con fuerza. Al bajarlas, mantenga las piernas tan rectas como pueda partiendo de las caderas y los muslos. Las **aletas** le ayudarán a que las rodillas no rompan la superficie.

CORRECTO •
Piernas relativamente rectas. Los pies «agitan» la superficie, no la rompen.

Mantenga los brazos por encima de la cabeza y las manos juntas, como en la p. 45

MOVIMIENTO DE BRAZOS
——————— Paso 2 ———————
PRIMERO EL MEÑIQUE

El meñique ha salido en primer lugar, mientras el meñique de la otra mano ha entrado primero. El batido continúa. Abajo se muestra la posición posterior a la figura azul.

ARRIBA Y POR ENCIMA •
Este brazo sube recto; al final vuelve a entrar por encima de la cabeza. El otro **agarra** agua, **tracciona** y se dobla, **empuja** y se extiende hacia el muslo.

HACER DE GUÍA
Arriba: El dedo meñique guía la mano al salir del agua.

BALANCEO ALTERNATIVO
Cuando la mano izquierda entra en el agua, el cuerpo se balancea hacia la izquierda y viceversa, sin rigidez. Así, los brazos pueden **traccionar** y **empujar** al máximo.

DEDOS SUELTOS
Cuando empieza la **tracción** del brazo hacia abajo y a un lado a través del agua (arriba), los dedos deben estar **sueltos**, es decir, ni rígidos ni apretados, ni tampoco muy abiertos.

EL AGARRE
Cuando la mano derecha entra en el agua, con el meñique primero, empieza la fase de **agarre** (ver p. 33) desde el hombro derecho, preparándose para **empujar** con rapidez.

—— Paso 3 ——
TRACCIÓN-EMPUJE

La mano izquierda acaba la **tracción** y empieza el **empuje** más allá del nivel del hombro. Cuanto más empuje con esta mano, mejor entrará con la otra, que ahora **recupera** y está totalmente extendida, sobre el agua. Imagínese que intenta tocar el cielo con la mano que recupera y extienda el brazo recto hacia arriba, casi levantando el hombro sobre la cara.

RECUPERACIÓN •
Empiece a girar la palma hacia fuera, lejos del cuerpo, lista para volver a entrar en el agua con el meñique primero.

CABEZA Y CARA •
Mire en diagonal hacia la pared de delante y no hacia el techo. Durante la brazada las orejas están sumergidas, pero la cara queda encima del agua. Respire cuando un brazo **recupera** y espire cuando recupere el otro.

POSICIÓN DE LA MANO
La mano está en ángulo recto durante el barrido del brazo hacia abajo. Este ángulo facilita el trabajo del brazo cuando acaba la **tracción** y empieza el **empuje**.

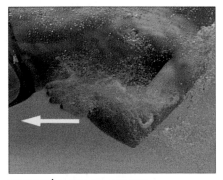

— MOLDEAR EL AGUA —
TRAYECTORIA EN FORMA DE S
Durante el barrido hacia abajo, el brazo sigue una trayectoria en forma de S, presionando contra el agua. Si se moviera en línea recta, encontraría menos **resistencia** y el impulso sería menor.

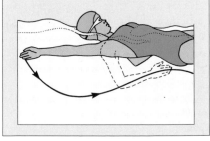

——————— Paso 4 ———————

ESTIRAMIENTO

Cuando la mano izquierda acaba el **empuje**, el brazo se extiende bajando hacia el muslo sin rigidez. Si empuja hacia abajo con fuerza podrá levantar mejor el otro brazo, que entrará con más rapidez en el agua. De este modo, el brazo se hunde a más profundidad y con más fuerza al final del empuje, y por ello la coordinación es básica. Al final del empuje, la muñeca hace un ligero movimiento parecido a un «latigazo» (los dedos golpean como un látigo). En el plano de abajo (anterior a la figura azul de arriba), observe las burbujas provocadas por la fuerza del empuje y la corriente de agua de la mano que **recupera**.

POSICIÓN CORRECTA DE LA PALMA •
Cuando el brazo se estira, la mano gira de
modo que la palma mira hacia atrás. El meñique se prepara para salir en primer lugar.

«ACCIÓN Y REACCIÓN»
Derecha: al mover un brazo con fuerza, el otro hombro se levanta, formando un ligero balanceo. Debe
«levantar, balancear, presionar»: mientras un brazo se
levanta, el otro baja y la mano presiona el agua.

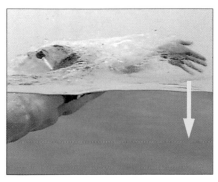

ENTRADA
La mano entra de lado con el meñique en
primer lugar, para colocarse en una posición
relativamente profunda y mejorar así el **aga
rre** de la brazada.

TÉCNICA
5

BALANCEO
Imagínese una línea que atraviesa el cuerpo como un eje sobre el cual se balancea.

MIRADA •
Mire en diagonal hacia una pared lejana, no al techo.

ENTRADA CORRECTA •
Entre con el meñique primero, para un buen **agarre** y una buena **tracción**.

EL BATIDO •
El batido empieza en los muslos; no doble demasiado la rodilla. Gran parte del batido es lateral debido al balanceo del cuerpo.

SECUENCIA

Esta secuencia muestra la importancia del balanceo del cuerpo para ayudar a que los brazos entren, **traccionen** y **empujen** el cuerpo a través del agua. Recuerde que el estilo espalda, como el crol, utiliza un movimiento alternativo de los brazos y, por consiguiente, si un movimiento es más fuerte o más recto que otro, cambiará de dirección. Entrar un brazo en el agua a una distancia del cuerpo diferente del otro es un error frecuente. Si hace una brazada lenta podrá perfeccionar su estilo; es más fácil que la brazada sea rápida con un buen estilo que al revés.

PIERNAS •
Las piernas funcionan como un motor que le aguanta en el agua. Manténgalas tan juntas y rectas como pueda, con los dedos rectos.

¿BATIR, CUÁNTAS VECES?
En competición, se baten las piernas de seis a ocho veces por brazada (más en el «sprint», menos en la carrera).

POSICIÓN CON DOS BRAZOS

UNA VARIANTE ÚTIL

Practicar un movimiento simultáneo con ambos brazos le ayudará a: 1. Familiarizar- se con el estilo espalda y doblar el codo en el **empuje**. 2. Perfeccionar la entrada. Cuando practique esta brazada no podrá balancearse.)

RECUPERACIÓN

La mano gira lige- ramente, más allá del hombro, y el meñique se prepa- ra para entrar.

CONTRA RELOJ

Compare la entrada de las manos con la esfera de un reloj. Imagine que la cabeza está en las 12. Una mano tiene que entrar en el agua (el meñique primero) a las 11, mientras la otra sale con el pulgar y sube para volver a entrar a la 1. La mano entra en línea con el hombro, ni demasiado lejos ni dema- siado centrada por encima de la cabeza. Una en- trada (y salida) suave, con el meñique primero, salpicará menos y reducirá la **resistencia** del agua.

TRACCIÓN

La mano **tracciona** y **empuja** abajo y a los lados, más allá del hombro, formando una S en su camino. Recuerde que traccionar en lí- nea recta es como mover la mano siguiendo la dirección de una corriente: la **resistencia** es menor y, por lo tanto, el impulso también.

HOMBRO LEVANTADO

El brazo izquierdo se estira desde el hombro, que sale primero. Le sigue el brazo, luego la mano que gira de modo que el meñique emerge levantado.

TÉCNICA

DÍA 2

6

EL CROL

Definición: *Un estilo alternativo en que se nada con la cara dentro del agua*

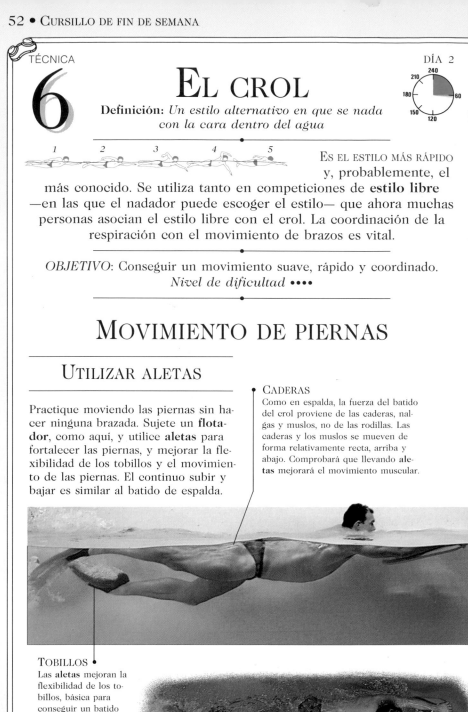

ES EL ESTILO MÁS RÁPIDO y, probablemente, el más conocido. Se utiliza tanto en competiciones de **estilo libre** —en las que el nadador puede escoger el estilo— que ahora muchas personas asocian el estilo libre con el crol. La coordinación de la respiración con el movimiento de brazos es vital.

OBJETIVO: Conseguir un movimiento suave, rápido y coordinado.
Nivel de dificultad ••••

MOVIMIENTO DE PIERNAS

UTILIZAR ALETAS

Practique moviendo las piernas sin hacer ninguna brazada. Sujete un **flotador**, como aquí, y utilice **aletas** para fortalecer las piernas, y mejorar la flexibilidad de los tobillos y el movimiento de las piernas. El continuo subir y bajar es similar al batido de espalda.

CADERAS
Como en espalda, la fuerza del batido del crol proviene de las caderas, nalgas y muslos, no de las rodillas. Las caderas y los muslos se mueven de forma relativamente recta, arriba y abajo. Comprobará que llevando **aletas** mejorará el movimiento muscular.

TOBILLOS
Las **aletas** mejoran la flexibilidad de los tobillos, básica para conseguir un batido aerodinámico.

Posición aerodinámica del cuerpo

SIN ACCESORIOS

Deje las **aletas** y practique el batido; el esfuerzo que se necesita es considerable. Es un movimiento continuo y alternativo de las piernas. Primero baje la parte superior de la pierna (encima de la rodilla), continúe con la parte inferior de modo que al acabar el batido hacia abajo y antes de volver a subir, la pierna esté recta. Busque el fondo del agua y no salpique en la superficie, porque ello equivaldría a batir en el aire con escasa propulsión. Recuerde: las piernas son como un motor que le impulsa en cada brazada casi sin darse cuenta.

PIES
Los pies deben estar rectos rompiendo sólo la superficie. El batido se hace bajo el agua: la fuerza propulsora proviene del movimiento contra la **resistencia** del agua.

PIERNAS
Observe que puede doblar más la pierna izquierda sin **aletas**. Dóblela lo menos posible manteniendo las piernas tan juntas como pueda, en forma aerodinámica.

EJERCICIOS CON TABLA DE BATIDO

CONCENTRARSE EN LAS TABLAS
Comprobará que si utiliza una **tabla** podrá perfeccionar el batido antes de pasar a trabajar el movimiento de los brazos.

• Utilice una tabla como en la ilustración, para apoyar la parte superior del cuerpo mientras se concentra en la acción de las piernas.

• Los **ejercicios** de piernas, con y sin **aletas**, utilizando un flotador, fomentan la po-

sición aerodinámica del cuerpo necesaria en el crol. Una línea aerodinámica supone menor **resistencia** del agua y, por tanto, más velocidad.

• Mantenga la cabeza tan baja como pueda, incluso utilizando un flotador. Si la eleva demasiado se verá forzado a bajar las piernas y subir los hombros y unos hombros altos forman un rompeolas que dificulta el avance.

• Si bate las piernas con fuerza, podrá hacer una brazada más lenta hasta conseguir dominarla de forma correcta, junto con la respiración. Mover demasiado los brazos es un esfuerzo inútil. Domine primero las piernas y luego le será más fácil dominar la brazada.

CÓMO SUJETAR LA TABLA
Cuando utilice una **tabla** para practicar con las piernas, sujétela por delante con ambas manos. De este modo el cuerpo quedará en una posición equilibrada y horizontal.

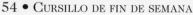

MOVIMIENTO DE BRAZOS

—— Paso 1 ——

MOVER Y RECUPERAR

Mientras las piernas realizan un movimiento alterno y continuo arriba y abajo, los brazos también alternan entre una fase de propulsión y otra de **recuperación**. Estire bien un brazo hacia delante mientras el otro se acerca al muslo cuando acaba la **tracción**. El brazo delantero empieza a sumergirse, listo para el **agarre**. Al llegar a este punto, espire en el agua lenta y controladamente (ver «Respirar correctamente» en la p. 55).

SALIDA DEL AGUA •———
Este brazo ha finalizado el **empuje** hacia atrás y pronto subirá hacia fuera del agua.

PREPARARSE PARA EL AGARRE •———
La palma de la mano delantera, cara abajo en esta etapa de la brazada, empezará a mirar hacia atrás cuando **traccione**.

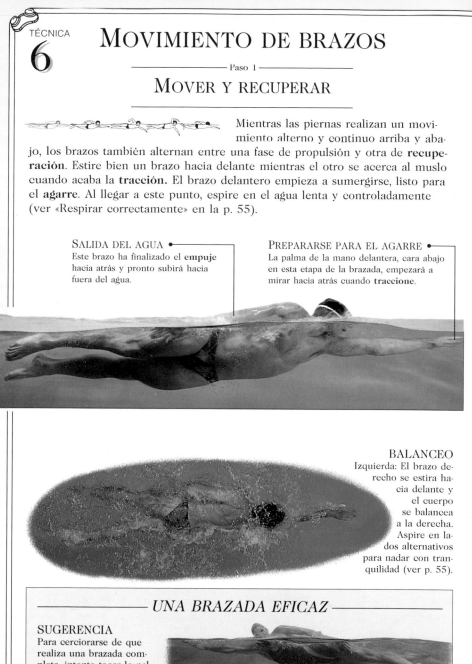

BALANCEO
Izquierda: El brazo derecho se estira hacia delante y el cuerpo se balancea a la derecha. Aspire en lados alternativos para nadar con tranquilidad (ver p. 55).

——— *UNA BRAZADA EFICAZ* ———

SUGERENCIA
Para cerciorarse de que realiza una brazada completa, intente tocar la nalga o el lado del muslo con la mano del brazo que barre hacia atrás, antes de levantarlo hacia fuera.

RESPIRAR CORRECTAMENTE

¿CUÁNDO Y DÓNDE?
Mientras un brazo sale, el hombro se levanta y el cuerpo se balancea hacia este lado (abajo). Ladee también la cabeza y aspire bajo la axila (la cara está medio sumergida debido a la **ola** que provoca el impulso). Es mejor que levantar la cabeza para aspirar y romper la línea aerodinámica del cuerpo.

IZQUIERDA Y DERECHA
Intente aspirar cada tres brazadas: por ejemplo, primero a la izquierda, luego a la derecha en la sexta, a la izquierda en la novena. Esta respiración «alternativa» se llama **bilateral**. Aspire cuando el brazo esté por encima de la cabeza (izquierda).

Paso 3

EL EMPUJE

Cuando el brazo derecho empieza la **recuperación** fuera del agua, comienza la **tracción** del brazo izquierdo en el agua (con la palma hacia atrás), impulsándolo hacia delante. Levante el codo derecho. Ahora es cuando tiene que aspirar.

LEVANTAR EL CODO DERECHO •
Levante el codo al **recuperar**: se mantendrá recto y evitará un rodeo excesivo del brazo (una pérdida de fuerzas). Como **ejercicio** para levantar el codo, siga la superficie con la punta de los dedos.

• CABEZA
Durante la fase de **tracción** mire hacia delante.

TÉCNICA

6

Paso 4

TRACCIÓN

Traccione el brazo delantero hacia atrás, bajándolo hacia dentro mientras presiona para impulsar el cuerpo. El brazo debe estar **suelto**, ni completamente recto ni tampoco doblado. Cuando alcanza la posición perpendicular al cuerpo, en lo más profundo, empieza la fase de **empuje** en que sube hacia el muslo. El cuerpo se balancea sobre su eje (ver cuadro inferior). El hombro del brazo que **recupera** se levanta por completo, con el codo doblado, preparado para empujar hacia delante y hacia dentro, y empezar otro ciclo con el brazo. Cuando practique observe la mano que recupera al entrar en el agua, de forma que si es necesario pueda corregir el movimiento en la siguiente brazada.

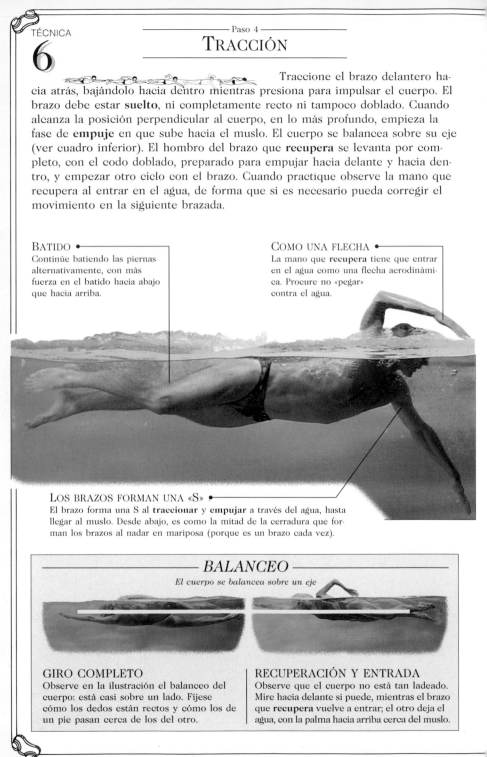

BATIDO •
Continúe batiendo las piernas alternativamente, con más fuerza en el batido hacia abajo que hacia arriba.

COMO UNA FLECHA •
La mano que **recupera** tiene que entrar en el agua como una flecha aerodinámica. Procure no «pegar» contra el agua.

LOS BRAZOS FORMAN UNA «S» •
El brazo forma una S al **traccionar** y **empujar** a través del agua, hasta llegar al muslo. Desde abajo, es como la mitad de la cerradura que forman los brazos al nadar en mariposa (porque es un brazo cada vez).

BALANCEO
El cuerpo se balancea sobre un eje

GIRO COMPLETO
Observe en la ilustración el balanceo del cuerpo: está casi sobre un lado. Fíjese cómo los dedos están rectos y cómo los de un pie pasan cerca de los del otro.

RECUPERACIÓN Y ENTRADA
Observe que el cuerpo no está tan ladeado. Mire hacia delante si puede, mientras el brazo que **recupera** vuelve a entrar; el otro deja el agua, con la palma hacia arriba cerca del muslo.

Paso 5

ESTIRAR Y AGARRAR

El brazo entra en el agua totalmente extendido buscando el máximo de agua que **agarrar** y **traccionar**. El otro brazo sale del agua cerca del muslo, empezando la **recuperación**, mientras el hombro se levanta con el balanceo del cuerpo. El brazo que recupera sube por encima, pero sin formar un arco demasiado ancho al girar.

MIRAR HACIA DELANTE

ÁNGULO DE LA CABEZA
Mire hacia dónde va: no al suelo de la piscina, sino a un ángulo menos profundo y más horizontal para poder ver cómo entra el brazo y **agarra** agua.

COMO UN REMO •
Recuerde que la **pala** no es sólo la mano, sino que va desde el codo hasta la punta de los dedos (p. 33).

BALANCEO
Observe cómo el cuerpo continúa balanceándose de un lado a otro sobre un eje.

• MÁS RAPIDEZ CON LAS PIERNAS
Para ganar velocidad, aumente la fuerza y la frecuencia del batido, no sólo la **tracción** del brazo: si puede, haga una brazada larga y lenta.

EJERCICIO
Abajo: Con un brazo intente alcanzar el otro. Es un ejercicio interesante.

BRAZO EXTENDIDO •
Mantenga este brazo extendido mientras el que **recupera** sube para reunirse con él.

IR DESPACIO
Este **ejercicio** le ayudará a realizar una brazada más lenta y a trabajar un brazo a la vez.

TÉCNICA

6

PIERNAS
Las piernas funcionan como un motor, con un batido alternativo.

RECUPERACIÓN DEL BRAZO
El codo guía el brazo que **recupera** al salir del agua, en lo que debería ser un movimiento automático.

CODO
Derecha: Mantenga el codo que **recupera** elevado.

DEDOS
Los dedos rectos forman una **pala** más grande y así los pies se mueven como si llevaran **aletas**.

SECUENCIA

En el crol, la cara está siempre sumergida en el agua, por ello aspirar en el momento correcto es crucial para la coordinación y el ritmo. Al acabar una brazada completa, el cuerpo se ha ladeado; el hombro que **recupera** se levanta y, por lo tanto, la cara sube ligeramente para aspirar bajo la axila. Sólo sale fuera la mitad de la cara. Intente subir la boca ligeramente para respirar, y no toda la cabeza, procurando no tragar agua. Cuando el brazo que recupera sale hacia arriba, la cara vuelve a sumergirse antes de que entre la mano. Exhale ahora por la nariz y la boca.

PRÁCTICA CONTINUA
Coordinar la respiración con las brazadas y el batido requiere tiempo, pero insista. Una respiración correcta también exige práctica y paciencia. No tenga prisa: un susto sólo podría hacerle desistir de mejorar la técnica respiratoria, tan necesaria para un estilo eficaz.

POSICIÓN DE LA CABEZA

SIN DESVIARSE

La cabeza debe estar bastante baja, con la cara en el agua, para mantener una posición aerodinámica. Le resultará más cómodo utilizar gafas para poder ver hacia dónde se dirige y continuar en su calle. La mejor posición es aquella en que el agua rompe en la mitad de la frente (ver derecha) o en las cejas. Pero si quiere puede mantenerla más baja, con la coronilla por encima del agua. Lo más importante es encontrar una posición aerodinámica y cómoda en que pueda ver entrar el brazo durante el **agarre**.

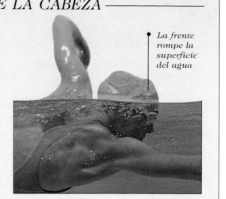

La frente rompe la superficie del agua

TRACCIÓN DEL BRAZO

Recuerde que la **tracción** del brazo le impulsará con más fuerza si utiliza desde el codo hasta los dedos, y no sólo la mano, como si fuera la **pala** de un remo. Aquí, el brazo está a mitad de camino de la tracción.

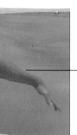

PUNTO DE ENTRADA

Observe la mano al entrar en el agua para comprobar que realiza un movimiento correcto. La mano apenas tiene que salpicar: ahorre el esfuerzo para hacer una brazada fuerte bajo el agua en la dirección correcta.

POSICIÓN DE LA CABEZA

Imagine la cabeza como la proa de una barca: demasiado baja y los hombros actúan como frenos; demasiado alta y el cuerpo forma una resistencia contra el agua. Si la cabeza está ligeramente levantada, el cuerpo parece una barca aerodinámica que atraviesa el agua.

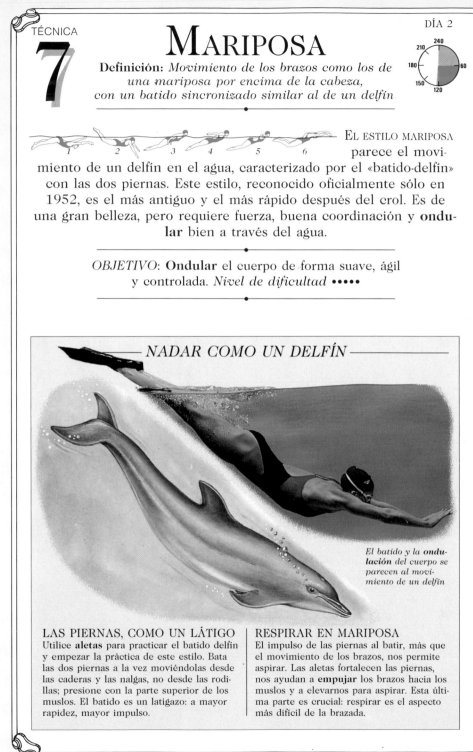

TÉCNICA

7

MARIPOSA

Definición: *Movimiento de los brazos como los de una mariposa por encima de la cabeza, con un batido sincronizado similar al de un delfín*

240
210
180
150
120
60

EL ESTILO MARIPOSA parece el movimiento de un delfín en el agua, caracterizado por el «batido-delfín» con las dos piernas. Este estilo, reconocido oficialmente sólo en 1952, es el más antiguo y el más rápido después del crol. Es de una gran belleza, pero requiere fuerza, buena coordinación y **ondular** bien a través del agua.

OBJETIVO: **Ondular** el cuerpo de forma suave, ágil y controlada. *Nivel de dificultad* •••••

NADAR COMO UN DELFÍN

*El batido y la **ondulación** del cuerpo se parecen al movimiento de un delfín*

LAS PIERNAS, COMO UN LÁTIGO

Utilice **aletas** para practicar el batido delfín y empezar la práctica de este estilo. Bata las dos piernas a la vez moviéndolas desde las caderas y las nalgas, no desde las rodillas; presione con la parte superior de los muslos. El batido es un latigazo: a mayor rapidez, mayor impulso.

RESPIRAR EN MARIPOSA

El impulso de las piernas al batir, más que el movimiento de los brazos, nos permite aspirar. Las aletas fortalecen las piernas, nos ayudan a **empujar** los brazos hacia los muslos y a elevarnos para aspirar. Esta última parte es crucial: respirar es el aspecto más difícil de la brazada.

Movimiento de las piernas

Trabajar juntas

El movimiento de las piernas controla la respiración, que a su vez controla la fluidez de la brazada. Mueva las dos piernas a la vez, empezando desde las nalgas y los muslos. No las doble demasiado: empujaría agua hacia arriba, y no hacia atrás, sin apenas impulso. A cada brazada corresponden dos batidos: uno mayor, que le estira para respirar, y un segundo menor en la **recuperación** del brazo que le equilibra.

1. Empiece a bajar la parte superior de las piernas: es el comienzo del primer batido, más fuerte. Mueva las dos piernas a la vez.

2. Doble las piernas como en la ilustración, no más. Ahora empiece a bajar la parte inferior de las piernas; las nalgas suben.

3. Al acabar este potente primer batido, baje la parte inferior de las piernas que quedarán totalmente extendidas.

4. Empiece a subir las piernas preparándose para el segundo batido, que no será tan fuerte ni profundo como el primero.

5. Levante las piernas preparado para el segundo batido, que *parecerá* más grande debido a la posición alta de las nalgas.

6. Empiece a bajar la parte superior de las piernas; los dedos emergen del agua cuando se prepara para batir hacia abajo.

TÉCNICA

7

MOVIMIENTO DEL BRAZO

———— Paso 1 ————

ENTRADA Y AGARRE

Los brazos entran en el agua, separados como los hombros, delante de la cabeza, preparados para iniciar la **tracción**. La cabeza entra antes que las manos. Los dedos de la mano deben estar relaja dos, un poco separados, formando una **pala** ancha. Si están ligeramente separados, el agua pasa a través de los dedos; pero si están tensos y juntos presionarán con dificultad y formarán una pala demasiado pequeña. En esta fase de la brazada, las piernas están bastante hundidas, habiendo finalizado el batido menor. Recuerde que la acción de las piernas consiste en un batido mayor y menor sucesivamente.

COMPROBAR LA POSICIÓN DEL BRAZO Y DE LA MANO
Si puede, mantenga los codos por encima de las manos. Ponga las manos con las palmas ligeramente hacia fuera para empezar la fase de **agarre**.

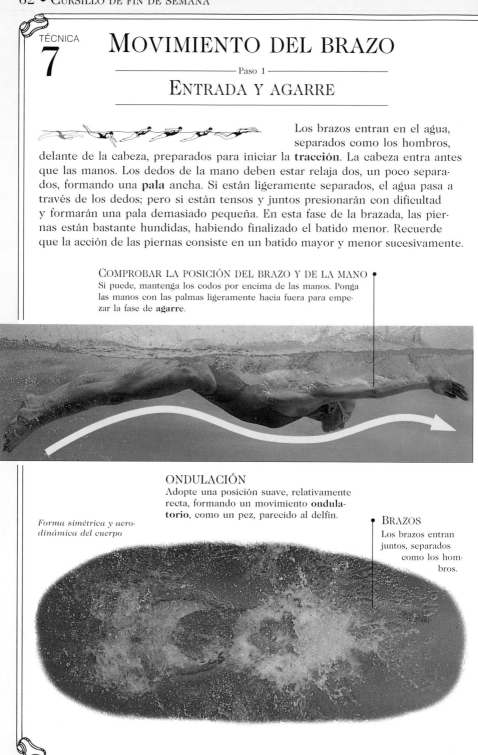

ONDULACIÓN
Adopte una posición suave, relativamente recta, formando un movimiento **ondulatorio**, como un pez, parecido al delfín.

Forma simétrica y aerodinámica del cuerpo

BRAZOS
Los brazos entran juntos, separados como los hombros.

Paso 2
TRACCIONAR Y EXHALAR

Traccione los brazos por debajo del agua. Espire por la nariz; aguantar la respiración es un gasto de energía. Una vez pasados los hombros, doble ligeramente los brazos hasta llegar a los muslos.

Paso 3
EMPUJAR E INHALAR

Cuando el batido le eleve, inhale. El brazo **empuja** después de **traccionar.**

ENCIMA DEL AGUA
No levante demasiado la cabeza para inhalar: perdería velocidad estropeando la posición aerodinámica. En lugar de inhalar cada brazada hágalo cada dos, aunque hace falta *mucha* resistencia.

• BRAZOS
Traccione con fuerza. Al final de la tracción finaliza el batido mayor.

VARIACIONES DEL ESTILO MARIPOSA

UN BRAZO CADA VEZ
Un buen sistema para practicar la brazada es mover un brazo a la vez. Extienda un brazo apoyado en la superficie y **traccione** con el otro, llevándolo arriba para iniciar el agarre con el brazo delantero. Es más fácil que mover los dos brazos porque, en lugar de levantarse para aspirar, puede respirar hacia un lado, como en el crol. Las **aletas** le ayudarán, pero cuando se sienta más seguro, abandónelas.

IZQUIERDA Y DERECHA
El **ejercicio** anterior es una forma excelente de perfeccionar la coordinación de la brazada y además le permite concentrarse en el batido. Sin embargo, puede ir variando el ejercicio a medida que se sienta seguro y mejore la técnica: practíquelo a un lado, luego hacia el otro y después la brazada normal con los dos brazos juntos; o a un lado, luego los dos brazos juntos y luego hacia el otro lado.

TÉCNICA
7

Paso 4
BRAZOS FUERA

Suba los brazos hacia fuera al empezar la **recuperación**. Las piernas han acabado el batido mayor y debe continuar inhalando.

PLANIFICACIÓN
Piense con tiempo que la cabeza debe entrar en el agua.

Paso 5
ARRIBA ·

Los brazos giran por encima formando un arco para volver a entrar en el agua. Cuando los brazos que **recuperan** llegan a la altura de la cabeza, ésta debe volver dentro del agua, de modo que cuando entren (ver paso 6) esté sumergida.

BRAZOS
Doble un poco los brazos al pasar a la altura de la cabeza, con las palmas hacia abajo.

EL BATIDO
Mientras los brazos **recuperan**, las piernas suben para realizar el segundo batido, más pequeño.

OJO DE LA CERRADURA

MANTENER EL IMPULSO
Para mantener el impulso, presionando continuamente contra el agua, los brazos deben seguir esta trayectoria (derecha) en forma de cerradura vista desde abajo. Entre con los brazos separados como los hombros; **tracciónelos** hacia abajo y afuera hasta que lleguen bajo el estómago. Cuando las manos se acercan a los muslos empieza el **empuje**, antes de salir. Ya han salido y están encima del punto de entrada, delante, listos para empezar una nueva brazada.

FLUIDEZ
Presione el agua con una brazada suave según esta trayectoria.

----------- Paso 6 -----------
RECUPERACIÓN COMPLETA

Los brazos **recuperan** por encima del agua y vuelven a entrar por delante, extendidos, para iniciar el **agarre**. Cuando las manos se acercan al punto de entrada, la cabeza está sumergida y hay que empezar a espirar. Mueva los brazos por encima del agua con fluidez, doblados por el codo suavemente y sin rigidez. A media recuperación, como en la fotografía, los codos tienen que estar más altos que las manos y hay que mirar al fondo de la piscina, no hacia delante.

TRAYECTORIA DE LOS BRAZOS
Observe la trayectoria que siguen los brazos por encima del agua. Tienen que entrar en línea con los hombros.

BATIDO MENOR
Cada estilo tiene dos fases: una de impulso y otra de **recuperación**. El estilo mariposa no es una excepción: mientras los brazos recuperan encima de la superficie, las piernas baten para impulsar. Las nalgas están elevadas y la parte inferior de las piernas han empezado a bajar para el batido menor.

HOMBROS
La potencia de la brazada proviene de los músculos de los hombros y de los músculos laterales de la espalda.

Cuando bajan, las piernas están juntas

TÉCNICA

7

NALGAS •
Al acabar el batido «menor»,
las nalgas están cerca de la superficie y el cuerpo estirado.

FASE DE AGARRE •
Observe las palmas giradas hacia
fuera en la fase de **agarre** de las
manos.

SECUENCIA

Nadar en mariposa con movimientos
coordinados y fluidos requiere tiempo. Un estilo irregular es cansado, lento y poco elegante; nade **ondulando**.
No es sólo una cuestión de fuerza,
sino de la *combinación* de estilo y
fuerza. Los brazos, relajados y sin rigidez, siguen la acción de las piernas.
Exhale con la cara sumergida e inhale
encima del agua. La flexibilidad es básica; haga este ejercicio en casa o en
la piscina: colóquese boca abajo sobre
una alfombra o una toalla. Presione
hacia abajo con las manos bajo los
hombros y estire la espalda arqueán-
dola como si nadara en mariposa.

BATIDO •
El batido «mayor»
le eleva fuera del
agua para respirar.

POSICIÓN DE LAS PIERNAS •
No debe preocuparle que las piernas estén juntas o no durante la
brazada; si lo están será probablemente hacia el final.

LA ETAPA FINAL

POSICIÓN SIMÉTRICA
Observe la simetría en la última etapa del batido mayor, a punto de iniciar la **recuperación** de los brazos con la cabeza fuera para inhalar. Imagínese una línea que divide el centro del cuerpo, de modo que una se refleja en la otra.

FLEXIBILIDAD DE LOS HOMBROS
A veces los hombros, en esta difícil posición, están tensos. Una vez haya inhalado, y la cabeza haya empezado a bajar, la tensión debe cesar. Los hombros necesitan flexibilidad durante la recuperación del brazo.

CABEZA
La cabeza, despejada, sale para respirar. Mire hacia delante y no al fondo de la piscina.

ESTÓMAGO
Es importante fortalecer los músculos del estómago. Concéntrese y siéntalos en cada brazada.

SECUENCIA
El batido menor acaba y las manos empiezan la fase de **agarre**. Al acabar de exhalar, los brazos **traccionan**. El batido mayor le eleva para inhalar, empezando el **empuje**. Los brazos **recuperan** al empezar el batido menor; la posición del cuerpo es de descanso mientras este batido continúa impulsándole.

RECUPERACIÓN DE BRAZOS
Cuando **recuperan**, los brazos están un poco doblados. Muévalos formando un arco relativamente amplio. Deje las manos **sueltas**.

CABEZA Y CARA
La cabeza está dentro del agua (entra antes que las manos) y vuelve a empezar el ciclo de cada **brazada**.

TÉCNICA

8 VIRAJES

Definición: *Técnicas para girar en competiciones*
en estilo espalda y crol

EN UNA COMPETICIÓN HAY QUE CAMBIAR DE DIRECCIÓN de forma rápida y eficaz al llegar a la pared de la piscina. Existen virajes especiales para todos estilos: la Técnica 8 trata del **viraje de voltereta** que se utiliza en crol y en espalda. En las pp. 84-85 encontrará otro tipo de virajes. En una carrera no disminuya la velocidad al acercarse a la pared. Es como una bola de tenis: si la golpea flojo, volverá lentamente, pero golpéela fuerte y volverá con rapidez.

OBJETIVO: Cambiar de dirección de forma correcta y efectiva.
Nivel de dificultad •••••

VIRAJE DE VOLTERETA EN CROL

1. FAMILIARIZARSE CON LA VOLTERETA

Aprenda a efectuar este viraje por partes. Para empezar, haga una sencilla voltereta en una zona poco profunda, lejos de la pared, flotando encogido con las manos alrededor de las rodillas y la cabeza dentro. No se preocupe demasiado por la posición final. Repítalo, pero acabe de espaldas y con las piernas totalmente extendidas. ·

SOPLAR
Sople por la nariz, con energía si es preciso. El agua que entra por la nariz, no sólo es molesta, sino que influye negativamente en la ejecución de un viraje suave.

VUELTA LIMPIA •
Gire limpiamente: piernas y brazos doblados y pies juntos. Mover las manos le ayudará a girar y a mantener el equilibrio.

UTILICE LA IMAGINACIÓN
Cuando estire las piernas, piense que empuja contra una pared con los pies.

2. GIRAR Y EMPUJAR

Repita el giro más cerca de la pared para poder apoyar los pies y empujar con el cuerpo extendido y de espaldas. Cuando los apoye, doble un poco las piernas. No tenga prisa: se necesita tiempo y práctica para calcular bien la distancia de la pared que hay que mantener cuando se efectúa la vuelta y para colocar los pies correctamente.

BRAZOS
Extienda los brazos para **deslizarse** de espaldas en posición aerodinámica. No **traccione** con los brazos.

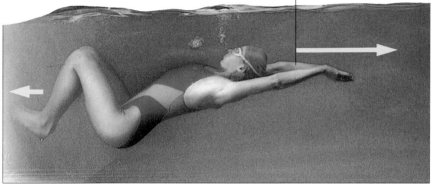

3. CARA ABAJO

Repita el giro otra vez, pero ahora, cuando se aleje de la pared de espaldas, dé una vuelta de 180° para nadar cara abajo. Mantenga los brazos tan rectos como pueda. Cuando note que disminuye el **deslizamiento**, empiece el batido del crol. No **traccione** los brazos todavía porque alzaría los hombros, «escondiendo» la parte delantera del cuerpo, y, por consiguiente, frenaría el impulso.

ESTIRAMIENTO FINAL
Cuando empuje enérgicamente con los pies desde la pared, estire las piernas antes de empezar el batido.

UN ÚNICO MOVIMIENTO
Empuje y gire efectuando un solo movimiento continuo y fluido; no se aleje de espaldas, gire cara abajo.

TÉCNICA

8

PIERNAS

Cuando se acerque a la pared y baje la cabeza, mantenga las piernas juntas bajo el agua y tan paralelas a la superficie como pueda. Procure no dejarlas caer.

CABEZA

No baje demasiado la cabeza. Manténgala hacia dentro y mire hacia los pies.

SALIR

Cuando las piernas y los pies emerjan del agua láncelos con rapidez para apoyarlos en la pared.

GIRAR

Cuando haya practicado, intente girar ligeramente tan pronto como lance los pies fuera del agua, de modo que al alejarse de la pared no esté totalmente de espaldas.

APOYAR Y ALEJARSE

Si apoya los pies en la pared demasiado abajo, se alejará hacia la superficie en diagonal. Si los coloca muy arriba, bajará. Aléjese ligeramente bajo la superficie.

SECUENCIA

Esta secuencia muestra la suavidad de la **voltereta** en el crol. Cuando se acerque a la pared, baje la cabeza con fuerza y lance las piernas hacia arriba. No disminuya la velocidad, o no tendrá suficiente impulso al alejarse de la pared, y no saque la cabeza antes de dar la voltereta para no romper la línea aerodinámica del cuerpo ni frenar el impulso. Mire a través del agua para ver a qué distancia se halla de la pared. Si sube inmediatamente después del viraje para respirar, también perderá velocidad; espere pues a la segunda o tercera brazada.

SIN MANOS

Los pies tienen que tocar la pared para dar la **voltereta**, pero las manos no la tocan en ningún momento.

GIRAR

Empiece a girar, listo para nadar cara abajo. A medida que mejore la técnica, intente pasar directamente del Paso 3 al 5, de modo que cuando lance los pies hacia fuera, empiece también a girar hacia un lado. Así, cuando se aleja de la pared, se halla de lado listo para girar boca abajo.

LLEGADAS Y SALIDAS

ANTES DEL VIRAJE
Empiece el viraje cuando la mano delantera se halle a media brazada de la pared (abajo). Mire al punto donde apoyará los pies. Respire profundamente cuando el otro brazo suba por encima y continúe hacia abajo. Cuando empiece la **voltereta**, exhale por la nariz.

DESPUÉS DEL VIRAJE
Al alejarse, deje que el cuerpo se **deslice** tanto como pueda. Cuando crea que el impulso disminuye, empiece a batir fuerte y luego a **traccionar** con los brazos. Aguante la respiración durante las dos primeras brazas y luego suba a la superficie para respirar.

EN LÍNEA RECTA
Izquierda: Observe cómo colocando los pies a la altura correcta en la pared saldrá en una línea bastante recta. Salir de espaldas, como en la ilustración, aunque al principio parece más fácil, puede disminuir la velocidad. Éste es el motivo por el que quienes participan en una competición, ya han girado 90° cuando los pies han tocado la pared.

MANOS
Las manos tienen que estar **sueltas**, sobre todo cuando gire hacia un lado.

BRAZOS RECTOS
Si las orejas tocan los hombros, señal que los brazos están en posición aerodinámica para **deslizarse** correctamente.

TÉCNICA
8

VIRAJE DE VOLTERETA EN ESPALDA

Paso 1

PREPARACIÓN

Empiece a pensar en el viraje cuando se halle a tres o cuatro brazadas de la pared de la piscina. En las competiciones, a esta distancia suelen haber banderas. Pero si no las hay, tome un punto de referencia en el techo o bien cuente las brazadas que hace a lo largo de la piscina, y en la última, empiece el viraje.

• ARRIBA
Una vez fuera del agua, este brazo sube a través del cuerpo y guía el viraje.

Pasos 2 y 3

GIRAR

Continúe subiendo el brazo que haya levantado en la que será la última brazada antes de llegar a la pared. Pero en lugar de volverlo a introducir en el agua en línea con el hombro, como al nadar normalmente en espalda, hágalo a través del cuerpo cuando gire boca abajo para dar la **voltereta** (ver Paso 4). Respire hondo cuando al girar descubra momentáneamente la cara.

• BRAZO
Este brazo sube por encima, y de un lado a otro, a través del cuerpo.

• TRACCIÓN
Cuando un brazo sube por encima, el otro **tracciona** en el agua bajo el cuerpo.

PREPARADO
Una vez cara abajo, ya puede efectuar la **voltereta**. Intente mover el brazo por encima, girar y dar la voltereta en un movimiento fluido y continuo. Mantenga la cabeza hacia dentro cuando gire.

Paso 4

VOLTERETA

Cuando gire cara abajo, procure efectuar una **voltereta** limpia, como hizo en el viraje de crol. Aguante la respiración. Sitúese de modo que, al emerger después de la voltereta, los pies estén apoyados en la pared, listos para impulsarle de espaldas.

LAS NORMAS

LOS TIEMPOS CAMBIAN

El estilo y las normas del viraje de espalda han cambiado radicalmente en los últimos años. Antes, había que tocar la pared con las manos en cada viraje. Ahora, sólo se toca con los pies. También deberá girar cara abajo cuando se halle a una brazada de la pared en un movimiento continuo: quedará descalificado si gira primero, hace una brazada y luego hace la voltereta.

PIERNAS JUNTAS •
Asegúrese de que ambas piernas actúan juntas mientras da la voltereta.

Paso 5

EMPUJAR

Aléjese de la pared empujando con los pies, pero haciendo fuerza con las piernas. Debe espirar cuando empuje. Así crea el impulso necesario para **deslizarse** de espaldas durante unos segundos, totalmente estirado. Cuando note que disminuye la velocidad del **deslizamiento**, empiece a batir las piernas. Subirá a la superficie listo para empezar a mover los brazos y aspirar otra vez. En este viraje no hay ninguna «secuencia» porque ya está expuesto en estas dos páginas.

Los brazos totalmente estirados favorecen el deslizamiento

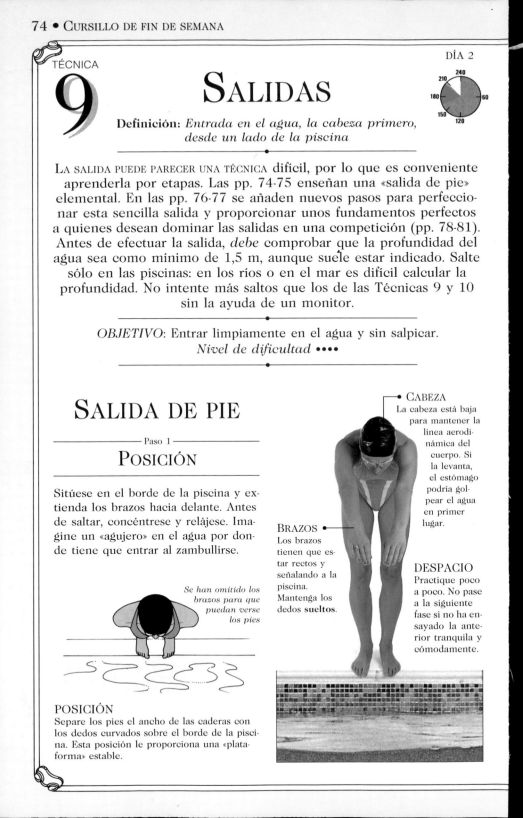

TÉCNICA

9

SALIDAS

DÍA 2

Definición: *Entrada en el agua, la cabeza primero, desde un lado de la piscina*

LA SALIDA PUEDE PARECER UNA TÉCNICA difícil, por lo que es conveniente aprenderla por etapas. Las pp. 74-75 enseñan una «salida de pie» elemental. En las pp. 76-77 se añaden nuevos pasos para perfeccionar esta sencilla salida y proporcionar unos fundamentos perfectos a quienes desean dominar las salidas en una competición (pp. 78-81). Antes de efectuar la salida, *debe* comprobar que la profundidad del agua sea como mínimo de 1,5 m, aunque suele estar indicado. Salte sólo en las piscinas: en los ríos o en el mar es difícil calcular la profundidad. No intente más saltos que los de las Técnicas 9 y 10 sin la ayuda de un monitor.

OBJETIVO: Entrar limpiamente en el agua y sin salpicar.
Nivel de dificultad ••••

SALIDA DE PIE

— Paso 1 —

POSICIÓN

Sitúese en el borde de la piscina y extienda los brazos hacia delante. Antes de saltar, concéntrese y relájese. Imagine un «agujero» en el agua por donde tiene que entrar al zambullirse.

Se han omitido los brazos para que puedan verse los pies

POSICIÓN
Separe los pies el ancho de las caderas con los dedos curvados sobre el borde de la piscina. Esta posición le proporciona una «plataforma» estable.

CABEZA
La cabeza está baja para mantener la línea aerodinámica del cuerpo. Si la levanta, el estómago podría golpear el agua en primer lugar.

BRAZOS
Los brazos tienen que estar rectos y señalando a la piscina. Mantenga los dedos **sueltos**.

DESPACIO
Practique poco a poco. No pase a la siguiente fase si no ha ensayado la anterior tranquila y cómodamente.

SALTOS BÁSICOS

CABEZA •
Mantenga la cabeza entre los brazos y procure que los brazos toquen las orejas.

PRIMEROS MOVIMIENTOS
Para efectuar con más comodidad el salto de pie, pruebe primero de saltar sentado y luego en cuclillas. No le resultará molesto equivocarse porque estará cerca del agua.

SALIDA SENTADO
Siéntese en un lado de la piscina con las rodillas juntas y los pies tocando la pared. Extienda los brazos hacia delante e incline el cuerpo para entrar en el agua a través del «agujero» que ha seleccionado.

EN CUCLILLAS
Póngase en cuclillas, extienda los brazos e inclínese hacia delante. Empuje fuerte con las piernas para saltar de forma aerodinámica. Así compensa el poco ángulo de entrada que originan las piernas flexionadas.

—————— Paso 2 ——————

EN EL AGUA

Con la cabeza entre los brazos, «caiga» elegantemente en el agua, los dedos en primer lugar, luego las muñecas, codos, cabeza, hombros y luego el resto del cuerpo. Al principio escoja un sitio cerca de la pared y, después, un poco más lejos, empujando fuerte con los pies. Las manos están firmes, pero no rígidas. Para volver a la superficie más fácilmente, coloque los dedos hacia arriba.

FLECHA •
Cuando salte, el cuerpo debe estar recto como una flecha, desde las manos hasta los dedos de los pies. Procure que los brazos toquen las orejas.

SALPICAR
Intente salpicar lo menos posible cuando entre en el agua. Hay que atravesarla, no «golpearla».

SALTO COMPLETO

ATENTO
Busque, como antes, un «agujero» donde zambullirse. Curve los dedos en el borde de la piscina.

SECUENCIA DEL SALTO

Una vez aprendidos los fundamentos para «caer» limpiamente en el agua, añada ahora los movimientos de los brazos para salir con mayor impulso y velocidad.

HACIA ATRÁS
Balancee los brazos hacia atrás hasta la posición de la ilustración.

ALZAR EL VUELO
Balancee los brazos otra vez hacia delante hasta que toquen las orejas. Empuje con las piernas.

CONSEJOS PARA UNA CARRERA

PASOS A SEGUIR
En las competiciones se suele utilizar la **salida de agarre** (pp. 78-81), más rápida, pero si efectúa la salida mostrada en estas páginas, hágalo como sigue:
• A la señal de «A sus puestos», balancee los brazos hacia atrás.
• A la orden de «Ya», balancéelos hacia delante. Cuando toquen las orejas, empuje con las piernas. Baje el cuerpo y la cabeza, pero no pierda de vista el «agujero» del agua.

VER CON CLARIDAD
En una carrera es conveniente llevar gafas, porque tan pronto como esté en el agua tiene que poder ver hacia donde va. Pero se necesita práctica porque caen con facilidad. Ajuste la cinta hasta ajustarlas con comodidad. Mantenga la cabeza baja: al levantarla pueden caerse. Utilice un gorro para que no le moleste el cabello.

PASO A PASO
Hasta que no se haya familiarizado con esta salida, no pase a efectuar la **salida de agarre** de las pp. 78-81.

SALTAR

ENTRAR EN EL AGUA

Si el cuerpo entra en el agua totalmente recto, la parte posterior quedará fuera del agujero por el que debe intentar zambullirse (abajo, se ve claramente). Para contrarrestar esto, levante un poco las nalgas, arqueando ligeramente el cuerpo.

... ARQUEANDO EL CUERPO

Aumentando el ángulo de entrada conseguirá entrar todo el cuerpo por el agujero al zambullirse. De este modo no salpica tanto y la **resistencia** del agua disminuye. Un ligero ángulo de entrada hace que la salida sea más rápida y profunda.

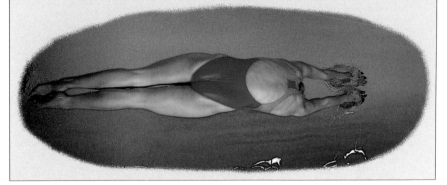

A TRAVÉS DEL AGUJERO

Durante el **vuelo** tiene que haber arqueado ligeramente el cuerpo de forma que entre en el agua, desde los dedos de las manos hasta los de los pies, por el agujero al que ha estado mirando.

DESLIZÁNDOSE •

Estire el cuerpo en el agua para **deslizarse** tanto como pueda. El balanceo de los brazos y el empuje de las piernas le darán el impulso necesario.

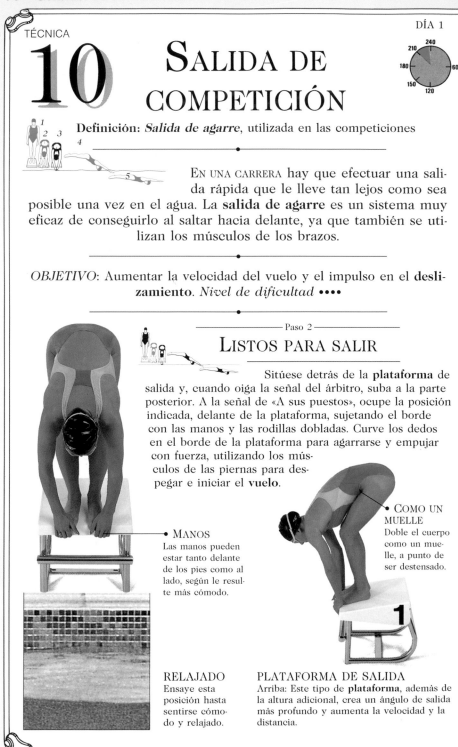

TÉCNICA

10 SALIDA DE COMPETICIÓN

Definición: *Salida de agarre*, utilizada en las competiciones

EN UNA CARRERA hay que efectuar una salida rápida que le lleve tan lejos como sea posible una vez en el agua. La **salida de agarre** es un sistema muy eficaz de conseguirlo al saltar hacia delante, ya que también se utilizan los músculos de los brazos.

OBJETIVO: Aumentar la velocidad del vuelo y el impulso en el **deslizamiento**. *Nivel de dificultad* ••••

─────── Paso 2 ───────

LISTOS PARA SALIR

Sitúese detrás de la **plataforma** de salida y, cuando oiga la señal del árbitro, suba a la parte posterior. A la señal de «A sus puestos», ocupe la posición indicada, delante de la plataforma, sujetando el borde con las manos y las rodillas dobladas. Curve los dedos en el borde de la plataforma para agarrarse y empujar con fuerza, utilizando los músculos de las piernas para despegar e iniciar el **vuelo**.

• MANOS
Las manos pueden estar tanto delante de los pies como al lado, según le resulte más cómodo.

• COMO UN MUELLE
Doble el cuerpo como un muelle, a punto de ser destensado.

RELAJADO
Ensaye esta posición hasta sentirse cómodo y relajado.

PLATAFORMA DE SALIDA
Arriba: Este tipo de **plataforma**, además de la altura adicional, crea un ángulo de salida más profundo y aumenta la velocidad y la distancia.

Paso 4

SALTO

Al oír la señal de «Ya», deje la plataforma de salida traccionando con los brazos y volcando el cuerpo hacia delante. Las rodillas se doblan más y los brazos se balancean hacia delante, momento en el que levanta la cabeza para mirar el punto por donde va a entrar. Empuje con las piernas y los pies. Arquee el cuerpo al dejar la plataforma. De este modo el cuerpo entero entra por el punto escogido a más velocidad y se **desliza** bajo el agua con un buen impulso.

LA CLAVE DEL ÉXITO
La clave del éxito consiste en mantener las extremidades juntas y el mentón casi en el pecho, formando una línea aerodinámica.

CADERAS Y NALGAS •
Al levantar las caderas y las nalgas suben los pies, de modo que todo el cuerpo entra por el agujero escogido y la **resistencia** del agua es mínima.

SALIDA EN ESPALDA

1. ENCOGERSE
A la señal de «A sus puestos», colóquese con el cuerpo encogido y tenso, preparado para salir hacia atrás.

CERCA DE LA SUPERFICIE
Esta técnica permite efectuar una salida rápida en estilo de **espalda** utilizando la fuerza de los brazos, igual que en la **salida de agarre**. Sitúe los pies tan alto como pueda para impulsarse con fuerza. Sin embargo, aunque en una competición los dedos de los pies pueden estar cerca de la superficie, no pueden emerger fuera. En el agua, cuando disminuya la velocidad de **deslizamiento**, puede efectuar dos o tres batidos como en estilo mariposa para salir con más fuerza antes de iniciar el batido de espalda.

2. «YA»
Al oír la señal de «Ya» impulse el cuerpo hacia arriba con los brazos y empuje fuerte con piernas y pies.

3. HACIA ATRÁS
Lance los brazos hacia atrás por encima de la cabeza. Arquee el cuerpo para deslizarse a más profundidad y velocidad.

Secuencia

Para participar en una competición tiene que conocer no sólo la técnica, sino también las normas y el reglamento: es fácil quedar descalificado por una salida errónea al intentar efectuar una **salida de agarre**. Espere a oír la señal de salida —no es necesario mirar—, pero no intente anticiparse. El reglamento permite sólo una salida errónea a cualquier nadador que participa en una competición; cualquier otra infracción de las normas supone la descalificación.

SALIDA
Sitúese de pie detrás de la **plataforma de salida**. Cuando oiga la señal, suba a la parte posterior.

• **POSICIÓN DE AGARRE**
Al oír «A sus puestos», sitúese en la parte delantera de la **plataforma** y colóquese en posición de **salida de agarre**. Manténgase totalmente inmóvil: el más ligero movimiento puede descalificarle.

Cuerpo arqueado

RESPIRACIÓN

DESLIZARSE Y SALIR
Evite salir a la superficie para aspirar cuando efectúe la primera brazada una vez efectuado el salto. De otro modo, al levantar la cabeza para respirar frenaría el impulso; trate, pues, de permanecer bajo el agua. En espalda, sólo puede efectuar un batido y una **tracción** de brazos bajo el agua, antes de salir a la superficie. Tiene que emerger durante la segunda brazada.

LA CABEZA, UN TIMÓN
Observe cómo la cabeza actúa como el timón de una barca: mantenga la cabeza baja al saltar para entrar a más profundidad. Luego, si la alza bajo el agua para ver a donde va, el cuerpo subirá a la superficie.

MANTENER EL IMPULSO

DESPUÉS DE SALIR

Cuando emerja a la superficie, tiene que mantener el impulso para que no disminuya la velocidad, antes de empezar a nadar en el estilo que desee.

DESLIZARSE, MIRAR, BATIR

Una vez en el agua, debe sacar el máximo partido del impulso y la velocidad del **deslizamiento**: no empiece a batir en seguida porque crearía resistencia y reduciría la velocidad. Cuando note que ésta disminuye, empiece el batido. De hecho, cuando empieza a cesar la velocidad en esta fase debe levantar la cabeza para ver hacia donde va y, *entonces*, empezar el batido moviendo las piernas con fuerza, como si fueran un motor (ver fotografía de la izquierda).

AL OÍR «YA», INICIAR EL VUELO

Al oir la señal electrónica de «Ya», impulse con las manos en la parte delantera de la **plataforma** e inclínese hacia delante para saltar. Levante las caderas para arquear el cuerpo y efectuar una entrada limpia. La **salida de agarre** es tan eficaz porque todos los movimientos le impulsan hacia delante, mientras que en la salida de pie hay un ligero impulso hacia atrás (pp. 76-77).

DESLIZAMIENTO

Una vez efectuada la salida, intente **deslizarse** tanto como pueda en el agua. Mantenga los brazos juntos y los dedos rectos, pero no rígidos.

DESPUÉS DEL FIN DE SEMANA

De la natación a los deportes acuáticos

SABER NADAR le abrirá las puertas a diferentes y divertidas actividades: vela, windsurf, esquí acuático (ver p. 15, *Aprender Vela en un Fin de Semana*). Cuando domine los fundamentos de este cursillo, puede probar estos otros deportes, e incluso participar en competiciones si lo desea. Sin embargo, la natación es en sí misma una actividad excelente y completa, recomendable sobre todo para mejorar la forma física, la flexibilidad y la fuerza. Nade con regularidad, perfeccione la técnica y muy pronto su estado de salud mejorará notablemente (ver p. 14).

Considere la idea de hacerse socio de algún club cerca de donde vive. Si tiene cualidades para participar en una competición o campeonato oficial sólo necesita ser socio de un club. Infórmese en la entidad más próxima o en la Federación de Natación. Para mantener la forma y la técnica, nade como mínimo media hora dos veces por semana. Una sesión de natación a primera hora de la mañana —o al mediodía— cuando hay más tranquilidad, es una manera ideal de empezar el día. Si además desea participar en pruebas de larga distancia, intente mejorar el tiempo y aumentar las distancias cada semana. Solicite información. Algunas piscinas también imparten sesiones de **aeróbic** acuático, un buen sistema para mantenerse en forma (pp. 88-89). Tanto si nada por afición, para competir o como medio para aprender cualquier otra actividad acuática, sea realista al fijarse objetivos e intente seguirlos siempre (ver pp. 20-21, 90-91).

ESTILOS INDIVIDUALES

Nadar en diferentes estilos a la vez

•

LOS ESTILOS INDIVIDUALES o «pentatlón» de las pruebas acuáticas, es el desafío más difícil de la natación. Incorpora las diferentes técnicas que se han aprendido: los cuatro estilos, virajes, salidas, llegadas y otras técnicas. Aunque no pretenda participar en competiciones, es una buena manera de practicar todas las técnicas.

*Salida
de agarre
(p. 78-81)*

PRIMER ESTILO: MARIPOSA

Dé una vuelta completa, equilibrándose con la mano que toca la pared

TERCER ESTILO: BRAZA

VIRAJE
DE ESPALDA A BRAZA

Cuando llegue nadando en espalda, toque la pared con una mano. Al tocarla, está permitido traccionar el brazo y batir bajo el agua una sola vez. Dé la vuelta para impulsarse con los pies desde la pared, cara abajo.

Pared de la piscina

CAMBIOS

El «individuales» es especialmente agotador porque hay que pasar de una posición a otra y de un estilo rápido a otro más lento. Para cambiar de estilo suavemente deberá efectuar los virajes especiales que mostramos en estas páginas. En una competición, estos virajes están sometidos a unas normas estrictas, algunas de las cuales resumimos en el texto.

REGLAMENTO Y NORMAS

ORDEN DE PRUEBAS

En las pruebas de estilos individuales, el participante nada las mismas distancias en los cuatro estilos, en el orden siguiente:

- mariposa
- **espalda**
- braza
- crol.

Las normas son las mismas para cada estilo.

INDIVIDUAL Y RELEVOS

- Existen dos pruebas de estilos individuales: 200 y 400 m: 50 o 100 m de cada estilo (en una piscina de 25 m, efectúe un viraje normal mediante un estiramiento).
- También existe una prueba 4×100 relevos cuyo orden es: **espalda**, braza, mariposa y crol. Los pies no deben abandonar la **plataforma** hasta que el compañero haya tocado la pared.

VIRAJE DE MARIPOSA A ESPALDA

Toque la pared con la palma de las manos, suba las piernas hasta el estómago y lance la parte superior del cuerpo hacia atrás. Empuje con los pies en la pared, listo para nadar en espalda.

Las dos manos tocan a la vez

SEGUNDO ESTILO: ESPALDA

Éste es, básicamente, el mismo viraje para braza y mariposa

VIRAJE DE BRAZA A CROL

Las dos manos tocan simultáneamente la pared, con los hombros a la misma altura. Doble las rodillas, lleve una mano hacia las costillas, la otra por encima de la superficie y luego dentro del agua, seguida por la cabeza.

Dé la vuelta e impulse con los pies en la pared al girar cara abajo

ÚLTIMO ESTILO: CROL

Salvamento en el agua

Formas de actuar ante las dificultades

La natación, además de un deporte, es también una técnica de salvamento. Cuando alguien tiene dificultades en el agua, lo primero que pensamos es tirarnos al agua. Sin embargo, es lo último que deberíamos hacer. Una persona asustada en el agua tiene una gran fuerza y es muy probable que, en su esfuerzo por salir, tire dentro a quien intente ayudarle. Ante todo, tanto si es quien rescata o el rescatado, debe mantener la calma y actuar como indicamos. No es necesaria la fuerza: un niño podría rescatar a un adulto siguiendo estas instrucciones.

Arrastrar

Esto es lo primero que debería hacer si quien pide auxilio en el agua está cerca de la pared. Enrolle una cuerda —una toalla o unos pantalones, si no tiene una cuerda a mano— y échesela a la persona que está en el agua. Hágalo con calma: un objeto mojado es mucho más difícil de arrastrar y volver a lanzar con precisión.

POSICIÓN EQUILIBRADA •
Colóquese en un lado de la piscina, en una posición equilibrada y segura para no caer al agua.

• **SUJECIÓN**
Utilice siempre un objeto fácil de sujetar.

HABLAR CONTINUAMENTE

Si la persona que nada está lejos, échele un **flotador**. Dígale que mueva las piernas y que mantenga la cabeza fuera del agua. Háblele con calma y tranquilidad, gesticulando y utilizando frases alentadoras para tranquilizarle, como: «Adelante, ya falta poco, ya estás».

¿QUÉ UTILIZAR?
Si no tiene ningún **accesorio**, utilice otro objeto como una pelota.

EN EL AGUA

EL ÚLTIMO RECURSO

Tirarse al agua para rescatar a una persona debería ser el último recurso: Utilizar la versión vertical del batido de piernas en braza para flotar, sujetar al nadador por la espalda, sujetar su cara por encima del agua colocando la mano por encima del centro del mentón (evitando el cuello) e intentar que mueva las piernas. Tranquilizar constantemente a la otra persona.

FAMILIARIZARSE CON LA PISCINA

JUEGOS EN EL AGUA

Todo aquello que le ayude a familiarizarse con el agua es útil e interesante: los juegos bajo el agua son un excelente sistema de conseguirlo. Le pueden ayudar a:

• sentirse más seguro y tranquilo si ocurre algún problema. Los juegos también pueden:

• romper la monotonía que supone nadar distancias largas;

• crear ejercicios divertidos para personas que tengan dificultades especiales (asmáticas), o con alguna disminución física o lesión;

• ayudar al principiante a moverse en el agua (siempre que no le importe sumergirse) y a familiarizarse a nadar por debajo.

JUEGOS:

Prepare sus propios juegos basados en otros conocidos como:

• coger aros del suelo de la piscina y pasarlos por un palo (ver abajo);
• nadar con un aro en la cintura;
• hacer la vertical;
• nadar a través de las piernas de otra persona;
• saltar y recuperar objetos del fondo de la piscina.

AERÓBIC EN EL AGUA

Ejercicios de aeróbic en la piscina, trabajando contra la **resistencia** *del agua*

LOS EJERCICIOS DE AERÓBIC EN EL AGUA son un excelente sistema para mantenerse en forma y ejercitar la musculatura, trabajando contra la **resistencia** del agua. Ésta hace que el esfuerzo a realizar sea mínimo. Estos ejercicios sirven de precalentamiento o para ampliar su programa de preparación. Son también interesantes para aquellos que tienen alguna lesión, o personas mayores que desean mantenerse ágiles, así como para antes y después del embarazo. Hágalos con suavidad, son unos ejercicios introductorios y elementales. Lo ideal es que el agua esté tibia. Sitúese de modo que le llegue a la altura del hombro aproximadamente y cerca de un lado de la piscina por si necesitara apoyarse. Algunas piscinas imparten clases de aeróbic en grupo para mantenerse en forma, generalmente con música y muy entretenidas.

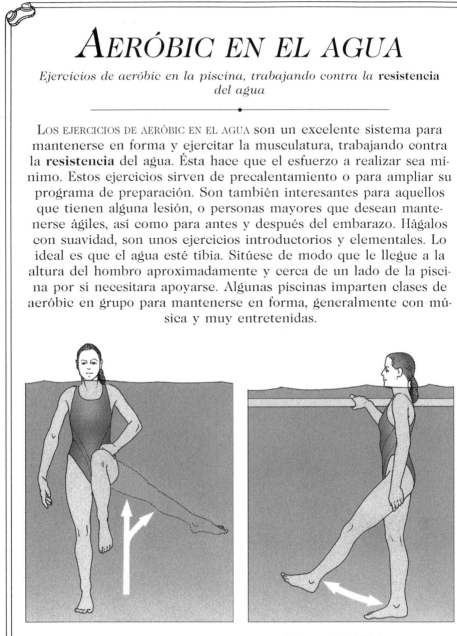

1. MUSLOS
Estos ejercicios fortalecen los muslos. Levante la rodilla, baje la pierna y muévala hacia un lado. Repítalo diez veces y luego hágalo con la otra pierna. Sujétese en la barandilla de la piscina si cree que puede perder el equilibrio.

2. MUSLOS Y ESPALDA
Mueva poco a poco una pierna hacia delante y hacia atrás diez veces, con la espalda recta y la otra pierna ligeramente flexionada por la rodilla. Hágalo con la otra pierna. Ahora repítalo, pero muévala más alto y con fuerza, y sujétese en la barandilla.

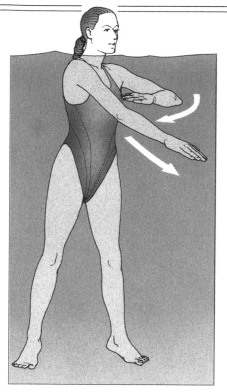

3. BRAZOS Y HOMBROS (arriba)
Flexione las rodillas. Extienda los brazos y, con los puños apretados, muévalos 15 veces como si remara.

4. BRAZOS Y CINTURA
Alce los brazos bajo los hombros. Gire el cuerpo de un lado a otro, golpeando con un brazo cada vez al girar (diez veces cada brazo).

GIMNASIA ACUÁTICA

GIMNASIA CON ACCESORIOS
Para aquellos que deseen unos ejercicios más intensos, existe un equipo especialmente diseñado para aumentar la **resistencia** del agua —aumentando el área superficial del cuerpo— y que, por lo tanto, hacen los movimientos más difíciles. Son una serie de ejercicios para realizar en una clase, utilizando accesorios como manoplas, pesas y un «cinturón» que puede colocarse en piernas o brazos. Aunque estos accesorios pesan poco, en el agua supone realizar un mayor esfuerzo para moverse.

MAYOR EQUILIBRIO
Estos accesorios crean flotabilidad y resistencia, por lo tanto, puede utilizarlos tanto donde toque pie como donde no. Flotar en el agua le hará sentirse más ligero y los movimientos parecen más fáciles y mejor equilibrados, mientras que la resistencia que crea el ejercicio requiere más fuerza por parte de los músculos.

Nota: El agua de la piscina no aparece en la ilustración para mostrar mejor los accesorios.

NADAR Y COMPETIR

Nadar, una actividad competitiva

ES POSIBLE QUE, CON EL TIEMPO, su afición por nadar se convierta en una actividad relativamente seria. Algún día quizá llegue a participar en algún campeonato de su club o, incluso, en competiciones oficiales. Si éste fuera un planteamiento serio, necesitará un programa de entrenamiento como el de más abajo, y una piscina adecuada. Por suerte, la mayoría de piscinas disponen de calles acordonadas para aquellos que desean nadar varios largos, mejorar la resistencia, el estilo y la velocidad. Siga las señales que indican en qué dirección debe nadar —siguiendo las agujas del reloj o en sentido contrario— para no chocar contra otros nadadores, y no se desvíe de su calle.

COMPETICIONES

Una piscina olímpica, como la de arriba, tiene ocho calles. Las cuerdas que dividen las calles ayudan a que la turbulencia del agua no moleste a quienes nadan.

ENTRENAMIENTO

Quienes participan en competiciones, se entrenan juntos nadando en una y otra dirección en una calle. Elabore su propio programa de entrenamiento, adaptado a sus necesidades.

¿ESTÁ EN FORMA?

Para comprobar su forma Física, calcule cuanto tiempo tarda el corazón en volver a su ritmo normal después de un ejercicio. Por ejemplo, nade 100 m de un estilo. Tómese el pulso presionando ligeramente sobre la muñeca y cuente las pulsaciones durante 15 segundos. Multiplíquelas por cuatro para saber las de un minuto. Repítalo 30 segundos después y 30 segundos más tarde para calcular cuanto tarda en volver a 80 pulsaciones.

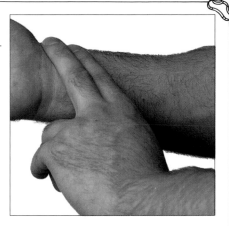

PROGRAMA DE ENTRENAMIENTO

PLANIFICACIÓN CORRECTA
Si proyecta participar en competiciones, elabore un programa de entrenamiento razonable que incluya calentamiento, ejercicios básicos y final.

EN FORMA
Los tres programas de muestra pueden ayudarle a elaborar el que mejor le convenga. Tómese el pulso con regularidad y controle la velocidad con un reloj.

	Distancia	Estilo y ritmo	Distancia total
SESIÓN SUAVE			
Calentamiento	200 m	cualquier estilo, ritmo suave	200 m
Básicos	16×25 m	crol; descanso 15 sg/25 m	400 m
	200 m	batido (flotadores brazos)	200 m
	200 m	tracción (flotadores piernas)	200 m
Final	200 m	cualquier estilo	200 m
			TOTAL 1200 m
SESIÓN LIGERA			
Calentamiento	3×200 m	crol, ritmo suave; descanso 60 sg/200 m	600 m
Básicos	8×50 m	batido (flotadores); descanso 15-30 sg/50 m	400 m
	8×50 m	tracción (flotadores); descanso 15-30 sg/50 m	400 m
	8×50 m	ejerc. brazos o piernas, estilo completo o combinado; descanso 15-30 sg/50 m	400 m
Final	200 m	cualquier estilo	400 m
			TOTAL 2000 m
SESIÓN FUERTE			
Calentamiento	2×400 m	cualquier estilo, ritmo suave; descanso 30 sg/400 m	800 m
	3×200 m	estilos; 200 m batido, 200 m tracción, 200 m estilos completos; descanso 15 sg/200 m; ritmo suave	600 m
Básicos	6×100 m	50 m ejerc. brazos+50 m un estilo; descanso 30 sg/100 m	600 m
	8×50 m	batido crol (brazos extendidos), ritmo fuerte; descanso 20 sg/50 m	400 m
	6×50 m	tracción crol (piernas extendidas), ritmo fuerte; descanso 15 sg/50 m	300 m
	4×50 m	crol, estilo completo, ritmo fuerte; descanso 15 sg/50 m	200 m
		descanse ahora (2 min.) para prepararse para los 100 m cronometrados 100 m crol, estilo completo, ritmo muy fuerte; cronometrados	100 m
Final	200 m	cualquier estilo, ritmo suave	200 m
			TOTAL 3.200 m

Nota: la mayoría de piscinas tienen 25 m

GLOSARIO

Las palabras en *cursiva* corresponden a entradas del Glosario.

A

Accesorios. Cualquier objeto, que generalmente flota, y que sirve para ayudar a la persona que nada a moverse en el agua, o bien para realizar un ejercicio de brazos o piernas.

Agarre. Momento en que la mano empieza a presionar en el agua durante la brazada.

Aletas. Accesorio de goma o sintético para los pies. Llamados también «pies de pato», se utilizan en algunos *ejercicios* para mejorar el impulso.

B

Batido asimétrico. Movimiento asimétrico de las piernas en braza.

Batido de cuña. Movimiento opcional de piernas en estilo braza.

Batido de látigo. Movimiento de las piernas en estilo braza, parecido a un latigazo, que crea menor *resistencia* y mayor propulsión.

Brazada. Movimiento completo de brazos y piernas en un estilo.

D

Déficit de oxígeno. Falta de oxígeno debido a un esfuerzo. Con la práctica, el cuerpo se acostumbra a esta situación.

Densidad. Peso de un nadador (o de un objeto) en relación al volumen.

Deslizamiento. Fase en que el cuerpo se mueve en el agua, en posición aerodinámica, sin mover brazos o piernas. Es fundamental después de la *voltereta*, salida y durante la fase de *recuperación* en braza.

E

Ejercicio. Ejercicios prácticos para mejorar aspectos concretos de una técnica.

Ejercicios aeróbicos. Ejercicios de larga duración que requieren continua oxigenación, como por ejemplo aeróbic en el agua (pp. 88-89). Los ejercicios anaeróbicos son aquellos que requieren menos oxígeno, como por ejemplo las carreras de natación cortas.

Empuje. Fase del movimiento del brazo, posterior a la *tracción* y previa a la *recuperación*.

Estilo espalda. Estilo en el que se nada de espaldas. Llamado también crol de espalda.

Estilo libre. Una prueba de estilo libre es aquella en que el nadador puede escoger el estilo que desee. Generalmente es el crol por ser el más rápido; por esto ambos términos se utilizan a menudo como sinónimos.

F

Flexionar. Sinónimo de doblar.

Flotador. Accesorio que flota, fabricado generalmente en poliestireno, o de algún material sintético similar.

O

Ola. Pared de agua delante de la cabeza que se crea al nadar con rapidez. Después de la ola se forma una «depresión», momento en que el nadador aprovecha para respirar.

Ondulación. Movimiento coordinado y rítmico del cuerpo, parecido al de un pez.

P

Palas. El brazo, desde la mano hasta el codo. La técnica de *remada* enseña a utilizar esta parte.

Plataforma de salida (o podio). Pedestal que se halla en un lado de la piscina y desde el cual salen los participantes en una carrera.

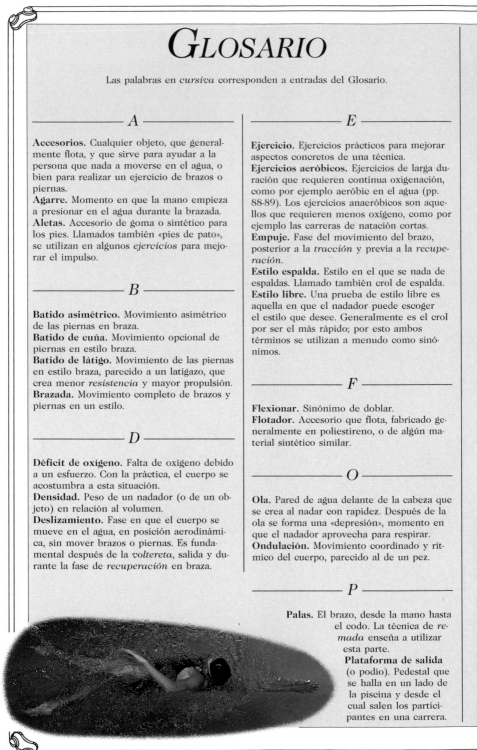

Pullbuoy. Accesorio que se coloca entre las piernas para practicar un movimiento de brazos.

DIEZ NORMAS

Diez normas del Reglamento

─────── R ───────

Recuperación. Fase del movimiento de los brazos y de las piernas, sin crear propulsión alguna, en que vuelven a su posición inicial.

Remada. Pequeño movimiento hacia dentro y hacia fuera de las manos y los brazos (y/o de las piernas).

Resistencia. Forma en que actúa el agua contra la masa del cuerpo de la persona que nada frenando su avance.

Respiración bilateral. Respirar primero por un lado y luego por el otro, cada tres brazadas.

─────── S ───────

Salida de agarre. Salida propia de una carrera en la que para impulsarse desde la *plataforma* se utilizan los brazos además de las piernas.

Sueltas. Relajadas. Lo contrario de tensas o rígidas.

─────── T ───────

Tabla. Flotador rectangular, generalmente de corcho, que se utiliza para sujetarse con los brazos y realizar *ejercicios* con las piernas.

Tracción. Fase del movimiento del brazo, que empieza con el *agarre* y finaliza a la altura del hombro, y que le impulsa a través del agua.

─────── V ───────

Viraje de voltereta. Forma rápida de virar al llegar a la pared de la piscina, nadando en crol y en espalda, que incluye un giro hacia delante.

Vuelo. Parte de una salida que se efectúa en el aire.

1. Sólo se permite una salida errónea por cualquiera de los participantes en una prueba determinada. Cualquier violación posterior de un participante supondrá su inmediata descalificación.

2. Durante el viraje y la llegada en estilo braza y mariposa, las dos manos tienen que tocar la pared al mismo nivel.

3. El estilo braza en una competición debe ser simétrico. Un *batido asimétrico* supondrá la inmediata descalificación.

4. En estilo espalda no se puede girar la espalda mientras se nada, excepto al efectuar el viraje al llegar a la pared.

5. En ningún momento está permitido tocar con los pies el fondo de la piscina.

6. En las carreras de *estilo libre* hay que atenerse a los estilos escogidos.

7. En la salida de *estilo espalda* los pies deben estar bajo la superficie del agua.

8. En las salidas y en el viraje del estilo braza se puede efectuar una brazada bajo el agua.

9. En las carreras de relevos, el nadador debe tocar la pared antes de que el otro participante pueda iniciar la salida.

10. Los estilos individuales tienen que consistir en los cuatro estilos reconocidos. Los participantes tienen que hacer la misma distancia de cada estilo y nadar los estilos en la secuencia correcta (pp. 84-85).

ÍNDICE TEMÁTICO

A

Aeróbic 83, 88-89
Agarre
  braza 38, 42
  crol 54
  espalda 47
  mariposa 61, 66
  salida de —ver salida
  salida en competición 80
Agua
  profundidad 74
  salvamento 86-87
  temperatura 12
Aletas 9, 11
  crol 52
  espalda 45, 46
  movimiento de piernas 32
  poner 16
  quitar 16
  utilizar 16
Ayudas 11
  aletas 16
  flotadores 17
  gafas 17
  practicar el batido con 21
  pullbuoys 17
  tablas 17

B

Batido
  asimétrico 35
  cuña 41
  delfín 60, 61
  látigo 41, 49
Batir
  crol 52-53, 56
  espalda 45, 46, 50
  mariposa 60, 61, 65-67
  salida en competición 81
Bolsa 10
Braza (estilo) 34-43
  estilos individuales 84-85
Brazaletes 11
Brazos
  aeróbic en el agua 89
  crol 54-59
  estilo braza 38-42
  estilo espalda 47, 51
  estilo mariposa 62-67
  salida completa 76
  salida de pie 74
  viraje de voltereta en crol 71
  viraje de voltereta en espalda 72-73

C

Cabello, cuidado del 9, 11
Cabeza
  braza 43
  crol 55, 57-59
  espalda 45, 48, 50
  mariposa 63, 67
  salida de pie 74-75
  salida en competición 80
  viraje en crol 70
Calentamiento 18, 19
Cambios
  estilos individuales 84
Cara
  echar a 16
  sumergir 26-27
  ver también cabeza
Clases 19, 20
Cloro 10, 11, 12
Club 83
Competición
  batido 31
  estilos individuales 85
  normas 80, 93
  salida 79
  viraje 71
Competir 90-91
Corazón 91
Crol (estilo) 52-59
  de espalda 44-51
  estilos individuales 85
  viraje de voltereta 68-71

D

Densidad 28
Deslizamiento
  salida en competición 80,
  81
Disminuidos 14

E

Ejercicios
  aeróbicos 88-89
  anaeróbicos 88
  estiramiento 8, 18-19
  preparación 8
  pre-calentamiento 88
Embarazadas 14
Empuje
  aprender a moverse 30
  crol 55
  espalda 48

mariposa 63
viraje en crol 69
viraje en espalda 73
Entrar en el agua 24-27
Entrenamiento 90-91
Equipo 9, 10-11
Espalda, aeróbic en el agua
  88
Espalda (estilo) 44-51
  estilos individuales 85
  salida en competición 79
  viraje de voltereta 72-73
Esquí acuático 15
Estilos individuales 84-85
Estiramiento
  braza 40-43
  ejercicios 8, 18-19

F

Federación de Natación 83
Flexibilidad 8, 19
Flotabilidad 28-29
Flotador 11
  braza 44
  flotar con 17, 28-29
  resistencia al agua 32
  salvamento 87
Flotar 13

G

Gafas 11
  poner 8, 17
  salidas 76
Gorra 10

H

Hombros
  aeróbic 89
  ejercicios 18, 19
  mariposa 67

I

Indumentaria 14

J

Juegos 13, 87
Jugar 26

M

Manos
  espalda (estilo) 47-49

viraje de voltereta en crol
70-71
Mar
nadar en el 13
Mariposa 60-67
estilos individuales 84-85
Metas 20, 21
Moverse 30-34

— N —

Nariz
pinzas 11
Natación sincronizada 15, 31
Niños 14
salvamento 86
Normas
competición 93
estilos individuales 85
salidas en competición 80

— O —

Objetivos 20-21
Ojos
gotas 11
ver también gafas
Orejas
gotas 11
tapones 11
Ozono 12

— P —

Pala 31, 37, 39, 57, 58, 59,
61
Parques acuáticos 12
Piel (cuidado de la) 11
Piernas
aeróbic 88
ayudas 32
batido asimétrico 35
braza 34-37, 41-43
crol 52-53, 58

espalda 46, 50
mariposa 60, 61, 65-67
potencia 33
viraje en crol 70
viraje en espalda 73
Pies
de pato ver aletas
viraje de voltereta en crol
70-71
viraje de voltereta en espalda 73
Piscina
entrar en la 24-27
escoger 12-13
infantil 13
olimpica 90
Plataforma 78, 79, 80, 81
Podio ver plataforma
Preparativos 8, 9
Pulmones 28-29
Pullbuoys 11, 17, 32
Pulso 91

— R —

Recuperación
braza 35
crol 56
espalda 48
mariposa 64, 65
Remada 31
Remo 31, 36, 59
Resistencia 30, 32
braza 40
aeróbic en el agua 89
Respiración
aspirar 26
braza 35, 39
crol 55, 58
espirar 26
mariposa 60, 63
salida en competición 80
viraje de voltereta en crol 68

— S —

Sal 13
Salidas 15
completa 76-77
cuclillas 75
de agarre 76, 78-81
de pie 74-75
en competición 78-81
sentado 75
Salir del agua 25
Salud 8, 14
Salvamento 86-87
Sumergir
cara 26-27
Surf 15, 82

— T —

Tablas 11
flotar con 17, 28
en crol 53
movimiento de piernas 32
Temperatura (del agua), 12
Toallas 11
Tracción
braza 35, 39, 42
crol 56, 59
espalda 48, 51
mariposa 63
viraje en espalda 72

— V —

Virajes
voltereta en braza 72-73
voltereta en crol 68-71
estilos individuales 84-85
Volteretas ver virajes

— W —

Waterpolo 15
Windsurf 15

AGRADECIMIENTOS

La autora desea agradecer a las siguientes personas e instituciones su inestimable colaboración en la realización de este libro:

Robin Brew y Lissa Davies por su modelaje, Chris Stevens por su excelente fotografía, y el equipo de ayuda del fotógrafo: Tony y Tim Tarleton (ayudantes de fotografía), John Griffin (ingeniero y constructor de los platós), Andrew Schofield (buceador), y Dave Robinson por su ayuda al organizar las sesiones. Los Srs. Moore, de la York House School, de Rickmansworth, por facilitarnos su piscina para las principales sesiones fotográficas, la Sra. Offer, por facilitarnos la utilización de su piscina para las fotografías de prueba. La Archway Pool, de Londres, por facilitarnos el escenario de las fotos de las pp. 12 y 14. The Finals (filial de la empresa Andmore Sportswear Corporation, de Matlock, Derbyshire), Lillywhires (Piccadilly Circus, Londres), Hydro-fit Incorporated (Oregon, USA) y Racco Products Ltd. (de Sheffield), por prestarnos los trajes de baño y resto del equipo necesario.

Linda Dadd, por su asesoramiento sobre aeróbic acuático, Heather Dewhurst por sus correcciones, Lol Henderson por su colaboración editorial y Hilary Bird por la confección del índice. Arthur Brown, Janos Marffy, Coral Mula, Sandra Pond, Jim Robins y John Woodcock, por la ilustración.

Todas las fotografías son de Chris Stevens, excepto las de las pp. 74, 76 (las dos primeras), 70, 80, 84 (primera imagen) y 89, que son de Jo Foord, y también: All Sport (UK), Beverly Williams, p. 15 ar. iz., Tony Duffy, p. 90 ab., J. Allan Cash Ltd., p. 13 ab., Lupe Cunha, pp. 12 centro, 12 ab. der., 14 ar. y 14 ab. iz.; Philip Gatward (DK), p. 15 ar. der., Malvin van Gelderen, p. 13 ar., Susan Griggs Agency Ltd. y Julian Nieman, p. 14, ab. der., The Image Bank y Chuck Fishman, p. 15 ar. iz., Larry J. Pierce, p. 15 centro iz., Co Reintmester, p. 15 ab. der., Paul Slaughter, p. 15 centro der., Spectrum Colour Library, p. 33 centro, John Walmsley Photo Library, p. 13 centro.